Erhard Blesch

Restitution der Pfalz und Beziehungen Karl Ludwigs zu England

Erhard Blesch

Restitution der Pfalz und Beziehungen Karl Ludwigs zu England

ISBN/EAN: 9783743387263

Hergestellt in Europa, USA, Kanada, Australien, Japan

Cover: Foto ©ninafisch / pixelio.de

Manufactured and distributed by brebook publishing software (www.brebook.com)

Erhard Blesch

Restitution der Pfalz und Beziehungen Karl Ludwigs zu England

Restitution der Pfalz

und

Beziehungen Karl Ludwigs zu Englan

Inaugural-Dissertation

zur

Erlangung der philosophischen Doktorwürde

an der Universität Heidelberg

vorgelegt von

Erhard Blesch.

Heidelberg.
Universitäts-Buchdruckerei von J. Hörning.
1891.

Vorwort.

Vorliegende Arbeit entsprang einer Anregung des Herrn Hofrat Erdmannsdörffer. Die Frage der Restitution der Pfalz fand schon vielfache, aber nicht spezielle Bearbeitungen. Besonderes Interesse zwar widmet Ludwig Häusser in seiner Geschichte der rheinischen Pfalz (II, 542 ff.) den Bemühungen Karl Ludwigs, des sympathischsten unter den deutschen Fürstengestalten dieses Zeitalters, zur Wiedereinsetzung in sein deutsches Erbe. Doch sind die Beziehungen desselben zu England und zu seinem Oheim Karl I. nicht genügend dargelegt.

Einen Anspruch auf eine vollständige Klarstellung der Verhältnisse macht der Verfasser durchaus nicht und dies um so weniger, als zur Richtigstellung aller Mittel und Wege, welche Karl Ludwig benützte und ging, ein grösseres Quellenmaterial beschafft werden müsste.

An dieser Stelle sei es gestattet, Herrn Hofrat Erdmannsdörffer für die freundlichste Unterstützung bei der Abfassung dieser Arbeit geziemend zu danken.

Der Verfasser.

§ 1.
Einleitung.

Eingeladen von den böhmischen Ständen, die dem Kaiser Ferdinand II. als König von Böhmen ihre Anerkennung verweigerten, liess sich Kurfürst Friedrich V. von der Pfalz zur Annahme dieser für ihn so verführerischen Krone verleiten.

Im November 1619 fand unter dem feierlichsten Gepränge in Prag die Krönung statt. Aber wenige Wochen darauf schon sah Friedrich mit einem Schlage alle seine weittragenden Pläne vereitelt, indem der unglückliche Verlauf der Schlacht am weissen Berge bei Prag alle Hoffnungen, die sich an den Besitz der böhmischen Krone knüpften, vernichtete. Doch auch nach einer anderen Seite hin sollte dies Ereignis von verhängnisvoller Wirkung sein. Unmittelbar darauf erfolgte die Achtserklärung des Kaisers gegen Friedrich V., mit deren Vollstreckung Maximilian von Bayern beauftragt wurde. Von hier an wich das Unglück nicht mehr von der Seite des geächteten Kurfürsten, denn von allen Verbündeten, namentlich von den Fürsten der Union, auf die sich Friedrich V. bei seinem Unternehmen hauptsächlich verlassen hatte, im Stiche gelassen, musste der Kurfürst zunächst Hilfe in der Flucht suchen, bis ihm schliesslich in Haag eine liebevolle Aufnahme zuteil wurde.[1]

Des Kaisers Bestrebungen gingen nun darauf hin, durch Übertragung der Kurwürde und Länder des geächteten Kurfürsten auf Herzog Maximilian von Bayern, diesen für immer seinem Hause verbindlich zu machen. Dabei stiess er jedoch

---

[1] In the year 1621 we find them (pfälz. Familie) not only lodged in a palace at the Hague, but liberally maintained at the expense of the States. Waburton: Memoirs of prince Rupert I., 40.

auf Schwierigkeiten, sodass die pfälzische Angelegenheit erst nach Jahren geregelt werden konnte.

Pfälzischerseits stellte man zunächst die Rechtmässigkeit der kaiserlichen Achtserklärung in Frage und bemühte sich darzuthun, dass dieselbe entgegen der goldenen Bulle und den Reichssatzungen verhängt worden sei, wonach Friedrich V. vor den Ständen des Reiches zuerst hätte verhört werden müssen.

Auf Seiten der Protestanten verschloss man sich nicht gegen die Folgen, welche eine Translation der Kur an das katholische Bayern nach sich ziehen musste, da bei einem Übergewicht der katholischen Stimmen im Kurfürstenkollegium der ganze Protestantismus Gefahr laufen könnte. Aus diesen Erwägungen entsprang der Widerwille, den die protestantischen Kurfürsten von Sachsen und Brandenburg auf dem Regensburger Deputationstag vom Jahre 1623 bei der Übertragung der Kurwürde an Bayern zeigten; daher konnte der Kaiser nur die Einwilligung der katholischen Kurfürsten erlangen.

Auf dem Kurfürstentage zu Mühlhausen im Jahre 1627 wurde nach langer Debatte der wilhelminischen Linie die Erbfolge der Kur zugesprochen, während sie früher Maximilian nur auf Lebenszeit erhalten hatte.

Der siegreiche Zug Gustav Adolfs durch Deutschland erweckte auch in Friedrich V. Hoffnungen zur Wiedergewinnung seines Erbes. Doch auch dieser Schimmer erlosch mit dem Tode desselben im Jahre 1632.[1])

Geächtet und aller Länder und Würden beraubt, verschied der unglückliche Kurfürst einige Wochen später in Mainz an einer pestartigen Krankheit aus dem Leben, das in der letzten Zeit nur Unangenehmes für ihn hatte.

Die Hauptschuld an seinem Unglücke darf wohl seinen Verwandten zugeschrieben werden. Der Kurfürst Georg Wilhelm von Brandenburg zeigte wohl stets Interesse für die pfälzische Sache, doch dabei ist es auch geblieben; die Waffen hat er nie für den Kurfürsten ergriffen.

---

1) Ranke (Werke XV., 223) sagt von ihm: Den kurzen Besitz einer Krone, deren Behauptung die eigenen Kräfte überstieg, hat Friedrich mit einem Flüchtlingsleben gebüsst, in dem ihm auf allen Seiten Sympathieen zuteil wurden, von keiner aber die Hülfe, deren er bedurfte.

König Christian IV. von Dänemark hatte zwar zu Gunsten seines Verwandten bei Beginn des Krieges die Waffen erhoben, aber nach der Niederlage Bedenken, den Unglücklichen zu unterstützen. Handelte es sich um Vermittlung, so zeigten beide stets Bereitwilligkeit, die jedoch nie einen wirklichen Erfolg davontrug. Die grössten Hoffnungen hatte Friedrich V. auf seinen Schwiegervater Jakob I., König von England, gesetzt. Die öffentliche Meinung war hier für eine nachdrückliche Unterstützung des dem englischen Hause so nahen Anverwandten. Bei der Ohnmacht dieses Königs, der nicht einmal im Stande war, die Erblande seinem Schwiegersohne zu sichern, konnte die allgemeine Stimmung nur ein Trost im Unglück sein. Mehr versprach sein Sohn und Nachfolger Karl I. Dieser hatte schon vielfach Interesse für den Winterkönig gezeigt und übertrug dasselbe nach dem Tode des letzteren auch auf seinen Neffen Karl Ludwig, den Anwart der pfälzischen Kurwürde.

Die pfälzische Angelegenheit gab Jahre lang Veranlassung zu den weitgehendsten Verhandlungen und wurde vielfältig ausschlaggebend für die englische Politik. Die lautere Absicht des englischen Königs, das pfälzische Haus wieder in den ungeteilten Besitz der Kurwürde und Länder zu bringen, ist nirgends zu verkennen. Wenn dies Karl I. nicht gelang, so mag zum Teil seine Politik, die er Spanien gegenüber verfolgte, die Schuld tragen. Wegen der grossen Vorteile, die England aus den reichen spanischen Kolonien erwuchsen, wollte er nämlich niemals mit dieser Macht brechen; andererseits konnte ihm Spanien in der pfälzischen Krone wenig nützen, denn es war zu natürlich, dass Spanien sich nicht der Pfalz wegen mit dem verbündeten Bayern überwerfen würde. Eine Art Vermittlerrolle anzunehmen, sagte ihm viel mehr zu. Vor allem aber konnte er den Verhandlungen in der pfälzischen Sache nicht den gehörigen Nachdruck geben; gleich am Anfang seiner Regierung kam er mit dem Parlament in Conflikt; dieser verschärfte sich bis zu dem Grade, dass er von der Berufung eines Parlamentes ganz absah. Durch diese Hintansetzung des Parlaments war Karl I. in seinen Mitteln aufs äusserste eingeschränkt und konnte deshalb für auswärtige Unternehmungen nicht in Anspruch genommen werden.

Diese Sachlage macht es begreiflich, dass Schweden und Frankreich Bedenken trugen, mit Karl I. ein striktes Bündnis zur Restituierung Karl Ludwigs einzugehen. So lange der englische König nicht den Willen des Parlaments zur Seite hatte, konnten seine Versprechungen nur persönlicher und deshalb gehaltloser Natur sein. Hätte er sich in der Lage befunden, sich mit einer dieser Mächte nachdrücklich zu verbinden, so wäre der Erfolg günstiger gewesen; wenn beide manchmal die Hand zu Verhandlungen boten, so waren sie nur von der Absicht geleitet, den Anschluss des englischen Königs an eine ihnen feindliche Macht zu verhindern. Es war von vornherein schon unaufrichtig, dass Karl I. überhaupt sich in Verhandlungen einliess; wenn er noch dazu mitten in den Verhandlungen mit einem andern Staate anknüpfte, oder gar von Anfang an nach zwei Seiten hin verhandelte, so ist dies eine von den vielen Verwerflichkeiten, welche während seiner Regierung nur zu oft uns entgegentreten.

Der Kaiser zeigte zwar stets dem englischen König gegenüber das grösste Entgegenkommen; im übrigen war er an Bayern gebunden. Dass dieses zur Herausgabe der Oberpfalz und Kurwürde sich verstehe, war von Anfang an ausgeschlossen.

Karl Ludwig setzte seine Hoffnung auf den König von England, wohin er sich auch im Jahre 1635 begab und mit kurzer Unterbrechung bis zu seiner Restitution verblieb. Allein hier war seit dem Ausbruch des Bürgerkrieges nichts zu erwarten; zur raschen Erledigung der pfälzischen Frage konnte sein Aufenthalt nichts beitragen; er musste sich vielmehr damit begnügen, dass diese erst in den Verhandlungen zu Münster und Osnabrück zum Austrag kam.

§ 2.

Der Prager Frieden. Sendung Taylors und Arundels nach Deutschland.

Seit dem Tode Gustav Adolfs schwand in der schwedischen Armee zusehends der militärische Geist und die straffe Disziplin, welche zu Lebzeiten des Helden dieselbe so sehr vor allen anderen europäischen Heeren ausgezeichnet hatte. Die furchtbare Niederlage der Schweden bei Nördlingen im September 1634 war die unmittelbare Folge. Kurz nachher schloss der Kaiser auf dem Höhepunkt seiner Macht jenen für das pfälzische Haus so unheilvollen Frieden von Prag mit dem Kurfürsten von Sachsen.

Wie schon öfters, so wurde auch hier Friedrich V. als der Urheber des schrecklichen Krieges bezeichnet und trotz der Gegenbemühungen Sachsens beschlossen, es bei der Uebertragung der Kurwürde und Lande auf die bayerische Linie bewenden zu lassen; ausserdem wurde die Pfalz von der Amnestie ausgenommen, die allen denen in Aussicht gestellt wurde, welche innerhalb einer bestimmten Frist den Frieden annähmen. Nur soll den Kindern und der Witwe des Geächteten, falls sie sich gebührend dem Kaiser unterwürfen, aus kaiserlicher Gnade und nicht aus Schuldigkeit ein fürstlicher Unterhalt gegeben werden.

Durch den Beitritt der meisten Reichsstände bekam dieser Frieden allmählich den Charakter eines Reichsfriedensschlusses.

Sobald der englische König von diesen Ereignissen erfuhr, schickte er den Residenten Taylor an den Kaiser und Lord Aston an den König von Spanien, um sich über den wahren Sachverhalt informieren zu lassen. Sollte das Gerücht sich bestätigen, so musste es für ihn eine Hauptsorge sein, diese für Karl Ludwig so schlimmen Bedingungen rückgängig zu machen.

Mit dem spanischen König stand Karl in sehr gutem Einvernehmen und hatte ihm auch durch die Beschützung der flandrischen Küste gegen die französische und holländische Flotte gute Dienste geleistet; um so peinlicher musste es ihn berühren, wenn der so nahe Verbündete des Kaisers sich mit den harten Beschlüssen des Prager Friedens einverstanden erklärt hätte. Ferner hatte der englische König die Absicht, durch die Vermittlung des spanischen Hofes in ein intimeres Verhältnis zum Kaiser zu treten, um so seine Wünsche hinsichtlich der Pfalz auf gesetzmässigem Wege zu erreichen.

Am 22. November kam Taylor in Wien an und hatte nach einigen Tagen beim Kaiser Audienz. Auf dessen Wunsch reichte er die mündlich vorgebrachten Aufträge des englischen Königs in einem Memorial ein.[1])

---

1) Memoriale eorum, quae ex Majestate Serenissimi magnae Britanniae regis Caesareae suae Majestati Johannes Taylerus exposuit. Wien, 16. Dezemb. 1635. Clarendon. Statepapers I. 65.

Taylor hatte, abgesehen von einigen weniger wichtigen Punkten sich hauptsächlich zu erkundigen, ob der Vertrag zwischen dem Kaiser und dem Kurfürsten von Sachsen wirklich zum Abschluss gekommen sei; ferner sollte er der Hoffnung Raum geben, dass der englische König mit dem österreichischen Hause in ein Bündnis trete, falls der Kaiser seinen Neffen von der Acht befreie und sonstige Versprechungen betreffs der Restitution seiner Länder und Würden mache.

Schon am 6. Dezember überreichte Lord Aston[1]) dem spanischen König ein Memorial, worin er diesen im Namen seines Königs ersuchte, sich wegen der pfälzischen Sache beim Kaiser verwenden zu wollen. Werde auf seine Vermittlung etwas erzielt, so sei der englische König bereit, mit dem spanischen ein Bündnis zu schliessen.

Bald hierauf erhielt er vom König persönlich die Versicherung, von spanischer Seite werde man es an nichts fehlen lassen, dem englischen König Genugthuung zu verschaffen.

Damals schwebte die Frage der Wahl eines römischen Königs und hieraus erklärte sich das Entgegenkommen der Habsburger. Schon am 5. März berichtete Aston an seinen Hof, wäre diese entschieden, so schwinde jene Furcht, die sie jetzt in Atem[2]) hielte; er war der Meinung, man könne vom Kaiser nichts erlangen, ausser wenn man englischerseits ein entsprechendes Anerbieten mache.[3])

Weniger klar überschaute Taylor die Lage. Durch die Bekanntschaft mit Colonel Leslie[4]) bekam er bei den ersten Kreisen am Hofe Zutritt. Doch gehörte er zu den Diplomaten, die

---

1) Paper delivered to the King of Spain by Lord Aston. Madrid, 6. Dezember 1635. Clarendon Statepapers I., 382.

2) J do besides believe, that, until the election of the king of the Romans be past, they will be fearful to piece heartily with us; but if that were over, they would lose those fears that now hold them in some awe. Clarendon: Statepapers I., 464.

3) that upon equal conditions there may be some accomodation. ib. I., 506. Windebank to Lord Aston).

4) he (Leslie) hath instructed me (Taylor), what price to set upon myself how far they were to be drawn; and finally hath given me a full light of all their secret treatis, both in the Empire and abroad. Clarendon: Papers I, 451. Taylor to Windebank.

alles, was sie hören, als bare Münze aufnehmen. Nicht mit Unrecht wurde ihm daher vom englischen Kabinet angedeutet, etwas vorsichtiger bei den Verhandlungen zu sein.

Den Äusserungen Taylors von der grossen Hineigung des englischen Königs zum österreichischen Hause setzte der Kaiser dieselben Versicherungen entgegen. Auch zeigte sich dieser bereit, über die pfälzische Angelegenheit in Unterhandlung zu treten.

Taylor, von Stralendorff, dem Vizekanzler des Kaisers befragt, welche Genugthuung der englische König haben wolle, antwortete, er habe keinen anderen Auftrag, als auf der Forderung von Land und Würde zu verharren. Einigermassen bindende Versprechungen zu machen, dazu hatte Taylor keine Vollmacht.

So kam es, dass der Kaiser am 24. Februar 1636 dem englischen Gesandten eine ziemlich ungünstige und den Forderungen nur wenig entsprechende Antwort gab.

Darnach sollte Karl Ludwig von der Acht befreit, in die Zahl der Reichsfürsten aufgenommen und in einen beträchtlichen Teil seiner Besitzungen restituiert werden, wenn er um seine Aussöhnung beim Kaiser nachsuche, allen Bündnissen, die er oder sein Vater eingegangen, entsage und auf die Seite des habsburgischen Hauses trete; käme es dann zu Verhandlungen über die Kur, so könne der englische König sowohl, wie der Pfalzgraf der Geneigtheit des Kaisers, auch diese Frage zu einer günstigen Entscheidung gebracht zu sehen, versichert sein. Dies waren Worte, die man drehen und deuten konnte, wie man wollte. Taylor glaubte daraus entnehmen zu dürfen, der Kaiser sei zu einer sofortigen Restitution der Unterpfalz und der Kurwürde nach dem Tode Maximilians von Bayern bereit und in diesem Sinne schrieb er seinem König.

Da ferner der Kaiser äusserte, man möge für die endgültige Beilegung der Frage Gelegenheit geben, beschloss Karl I. den Lord Marshall Arundel als ausserordentlichen Gesandten an den Kaiser zu schicken.

Bei der Sendung Arundels gab es in England verschiedene Ansichten. Die einen wiesen auf die Erfolglosigkeit früherer Gesandtschaften hin und betonten ein Bündnis Englands mit Frankreich oder Schweden. Andere lobten die Friedfertigkeit des Königs; sie sahen den Misserfolg der seitherigen friedlichen Verhandlungen zwar ein, huldigten jedoch der Ansicht, dass seit dem Tode Friedrichs V., gegen den sich aller Hass gewandt, eine gemässigtere Stimmung eingetreten wäre; gegen seine Kinder könne man unmöglich so schroff vorgehen. Der englische König thue gut daran, wenn er im Interesse seines Neffen eine feierliche Gesandtschaft schicke und auf eine Beilegung der noch offenen Streitigkeiten dringe.

Mit den umfassendsten Instruktionen versehen traf Arundel Ende Mai in Nürnberg mit Taylor zusammen, um sich von ihm über den Gang der seitherigen Verhandlungen genauen Aufschluss geben zu lassen. Von hier aus begab er sich nach Linz und erhielt vom Kaiser Audienz.

Die Aufnahme Arundels liess nichts zu wünschen übrig; ebenso entgegenkommend waren die Versprechungen, die man ihm von allen Seiten machte. Von vornherein berührte es jedoch unangenehm, dass die Verwendung des englischen Gesandten für die vom spanischen Gouverneur hart bedrückten Bewohner Frankenthals unberücksichtigt blieb. Wenn Arundel in der grössten Zuversicht auf eine sofortige Restitution der Pfalz kam, so musste diese Thatsache ihn zur entgegengesetzten Überzeugung bringen.

Nicht minder überraschend war für ihn die Nachricht, dass Maximilian Aussicht auf einen Nachfolger hatte. Dass Maximilian nun um so zäher an den ihm vom Kaiser übertragenen pfälzischen Landen und der Kurwürde festhalte, war durchaus nicht zu bezweifeln.

Am 8. Juni reichte Arundel seine Proposition an den Kaiser ein,[1]) worin er vollständige Restitution der Pfalz forderte. Auf eine Antwort wartete er lange vergeblich; als er schliesslich Auskunft verlangte, wurde ihm der Bescheid gegeben, bei derartigen wichtigen Fällen könne der Kaiser eine Antwort nie sofort und auch nie persönlich geben, sondern diese habe durch dazu ernannte Commissäre zu erfolgen. Zu Commissären wurden der Bischof von Wien, Vicekanzler Stralendorff und Dr. Gebhard bestimmt und Arundel für die weiteren Verhandlungen

---

1) Rusdorf: Concilia politica S. 441. Propositio legati Britannici tradita Caesari. Lintz 8/18. Juni 1636.

an diese verwiesen.¹) Damit nicht zufrieden, erwiderte Arundel, die Sache erfordere keine weitere Erwägung; es handle sich nur um die zwei Punkte: Restitution des Landes und der Kurwürde. Er habe den Kaiser nur zu fragen, ob derselbe in dieser Hinsicht den englischen König befriedigen wolle und könne.

Die weitgehendste Bewilligung,²) welche der englische Gesandte machen konnte, war das Zugeständnis von Zeit für die Erfüllung der Bedingungen; nur im Falle einer vollständigen Restitution sollte ein Bündnis mit dem österreichischen Hause abgeschlossen werden.³)

Trotz wiederholten Drängens zur schleunigen Erledigung der Angelegenheit konnte er nur die Vertröstung erhalten, nicht ohne vollständige Genugthuung nach Hause reisen zu müssen.

Aber gleich bei der ersten Beratung mit den Commissären stellte sich ein grosses Hindernis in den Weg. In der Vollmacht des Kaisers an diese war von einem Offensiv- und Defensivbündnis die Rede, das Taylor im Namen des englischen Königs angeboten habe.⁴)

Arundel war darüber höchst aufgebracht; er erklärte, der englische König habe nie ein solches Anerbieten gemacht und könne sich auch nie dazu entschliessen; sei es trotzdem geschehen, so habe Taylor seine Instruktionen überschritten. Bald stellte sich heraus, dass die ganze Sache auf einem Irrtum des kaiserlichen Sekretärs beruhte, der für den im Memoriale Taylors an den Kaiser enthaltenen Ausdruck „arctissimum foedus" „foedus tam offensivum quam defensivum" setzte.

Gegen dieses Verfahren legte Arundel Protest ein. Eine Antwort, die der Kaiser am nächsten Tage durch Stralendorff zu geben versprochen hatte, liess einige Tage auf sich warten und gab, als sie erschien, keine grössere Hoffnung auf Satisfaktion als die vom 24. Februar. Doch nahm man dem Gesandten die Aussicht auf einen günstigen Ausgang nicht ganz; man

---

1) qui mecum (Arundel) nomine Caesareae vestrae Majestatis essent tractaturi. Rusdorf, consilia politica S. 443.
2) Gardiner, history of England VIII, 160.
3) Gardiner VIII, 158.
4) offerendo se ad foedus tam offensivum, quam defensivum, nobiscum et cum tota Domo nostra Augusta Austriaca contra hostes et adversarios communes ineundem et firmandum. Rusdorf, consilia politica S. 442.

hob hervor, es läge in den Intensionen der kaiserlichen Politik, mit dem englischen König eine Liga zu schliessen, welche jedoch diesen nicht verpflichten sollte, gegen die gemeinsamen Feinde Österreichs aggressiv vorzugehen. Karl I. sollte nur, wie auch alle christlichen Fürsten thun könnten, mit dem Kaiser ein Bündnis schliessen, das den Zweck verfolge, den Frieden wiederherzustellen und diejenigen als Feinde zu betrachten, die den Abschluss eines derartigen Friedens störten.

Bisher hatte Arundel geglaubt, nur mit dem Kaiser verhandeln zu müssen; bald stellte es sich heraus, dass man auch auf den Kurfürsten von Bayern und den König von Spanien Rücksicht nehmen müsse. Letzterer hatte einen beträchtlichen Teil der Unterpfalz in Besitz und wünschte für dessen Abtretung eine Unternehmung des englischen Königs gegen Holland. Ersterer war über die anmassende Sprache des englischen Gesandten äusserst empört. Im Gegensatz zu dessen Forderungen hob er den geringen Wert einer Bundesgenossenschaft mit dem englischen König hervor; denn kaum könne die englische Flotte einen Einfluss auf die Kriegsführung in Deutschland ausüben und von den englischen Soldaten brauche man sich auch nicht zu fürchten.[1])

Dazu kam noch, dass Karl I. mit den Nachbarstaaten, vor allem mit Frankreich, nicht brechen wollte; dahin hatte er sofort bei der Absendung Arundels den Grafen Leicester geschickt, um den französischen König von der friedlichen Absicht der Gesandtschaft an den Kaiser zu überzeugen.

Die Verhandlungen am kaiserlichen Hofe mussten von vornherein vergeblich sein, wenn der englische König nicht in der Lage war, mit seiner Flotte die Spanier zu unterstützen und eine Landarmee in Deutschland aufzustellen: Bedingungen, welche Karl I. nicht erfüllen konnte.

So gab denn am 11. September der Kaiser durch obenerwähnte Commissäre eine ziemlich ungünstige Erklärung ab, welche nach Erstattung der von Spanien verlangten Convenienzen und einer entsprechenden Entschädigung an Bayern nur die Abtretung der Unterpfalz enthielt; an eine Restitution der Kurwürde und Oberpfalz sei während des Bestehens der wil-

---

1) Gardiner VIII, 160.

helminischen Linie nicht zu denken. Aus reiner Gnade wolle der Kaiser den Kurfürsten von der Acht lossprechen und ihn wieder zu einem Reichsfürsten machen.

Dagegen erlaubte man sich kaiserlicherseits die Anfrage, was man vom englischen König zu erwarten habe. Hierauf antwortete der englische Gesandte, es freue ihn, dass der Kaiser wenigstens eine klare Antwort gegeben habe; nur bedauere er, dass er dies nicht schon früher gethan habe.

Arundel berichtete hierüber sofort an seinen König und bat um seine Zurückberufung. Alle Versuche, den Gesandten zu fernerem Bleiben zu bewegen, hatten nur die Wirkung, dass Taylor die Weisung erhielt, die Verhandlungen in Regensburg weiterzuführen.

Man hatte den englischen König damit vertröstet, man wolle die pfälzische Sache dem Kurfürstentage zu Regensburg unterbreiten. Zu einem Beschlusse ist es auch hier nicht gekommen.

Die kaiserliche Politik war bei den ganzen Verhandlungen eine durchaus klare. Vom Anfang an zeigte man das grösste Entgegenkommen; dies schwand immer mehr, je näher man der Wahl Ferdinands zum römischen König kam. Sich mit dem Kurfürsten von Bayern des Pfalzgrafen wegen zu verfeinden, dazu hatte der Kaiser weder Lust noch Absicht.

Wenn Lord Aston noch in Spanien und Taylor in Deutschland zurückblieben, so sollte damit nur der Form Genüge geschehen, um die Verhandlungen nicht rundweg abzubrechen. An eine friedliche Lösung der pfälzischen Frage war in dieser Zeit nicht zu denken, wenn auch Taylor, solange er sich am kaiserlichen Hofe befand, die Hoffnungen niemals ganz aufgab.

Die entgegengesetzte Ansicht gewann Lord Aston. Indem er das Truggewebe all dieser Verhandlungen durchschaute, bat er schon am 10. Juli 1637 um seine Zurückberufung.

§ 3.
Verhandlungen Karls I. mit dem französischen Hofe.

Ueber den Ausgang der Verhandlungen mit dem Kaiser war Karl I. sehr entrüstet; mit Freuden schenkte er daher den französischen Anerbietungen Gehör. Wie schon oben erwähnt, war Graf Leicester als ausserordentlicher Gesandter an den französischen Hof geschickt worden. Durch ihn liess Ludwig VIII. von Frankreich dem englischen König den Vorschlag machen, mit ihm ein Schutz- und Trutzbündniss einzugehen, während er sich verpflichte, den englischen König bei der Wiedergewinnung der Pfalz zu unterstützen. Wenn jemals der französische König geneigt war, so war dieser Zeitpunkt der günstigste. Der Kardinal Infant hatte damals bedeutende Vorteile über die Franzosen in den Niederlanden erlangt, und dass der englische König diesen unterstütze, war allgemein bekannt.[1]

Unheilvoll für den ganzen Verlauf der Verhandlungen blieb der Entschluss Karls, mit Spanien nicht zu brechen; äusserst hart musste es Leicester finden, die zögernden Äusserungen seines Herrn in diplomatische Sprache zu kleiden.

Als Äquivalent für die Anerbietungen sollte Leicester dem französischen König die Aushebung von Truppen in England gestatten, während Karl versprach, auf die Unterstützung der Niederlande zu verzichten und mit seiner Flotte die französische Küste zu schützen. Karl wünschte, dass alles, was ihn binde, so ungenau wie nur möglich, alles, was den französischen König binde, so genau wie nur möglich ausgedrückt werde. Daher mussten auch diese Verhandlungen, wie die in Wien nutzlos verlaufen.[2]

Bald darauf machte Richelieu neue Vorschläge.[3] Er verlangte von Karl, dem französischen König, die Aushebung von 6000 Mann in England zu gestatten, mit einer Flotte von wenigstens 30 Schiffen die englisch-französische Küste zu schützen und den Transport von Geld und Munition nach Flandern zu hindern. Dafür verpflichtete sich Ludwig XIII., keinen Frieden ohne Karls I. Einwilligung zu schliessen und ihm bei Verhandlungen die Restitution der Pfalz zu sichern, doch solle Maximilian von Bayern die Kur bis zu seinem Tode behalten. Eine Conferenz zu Hamburg oder im Haag möge die Bedingungen festsetzen; könne der Kaiser sich hiermit nicht einverstanden erklären, so stehe einem engen Bündnis Englands mit Frankreich nichts im Wege.

1) Gardiner VIII, 161.
2) Gardiner VIII, 163.
3) ib. S. 205.

Am 17. Februar wurden die Vorschläge von Karl angenommen und am 20ten wieder zurückgeschickt. Niemand zweifelte an dem Gelingen der Alliance. Leicester selbst erhielt bedeutende Vollmachten. Doch nun trugen die Franzosen Bedenken, den Vertrag zu unterschreiben; sie wollten sich erst dann dazu entschliessen, wenn derselbe ihren Verbündeten, welche sich sofort in Hamburg versammeln sollten, vorgelegt wäre. Ausserdem weigerten sie sich, Karl Ludwig den kurfürstlichen Titel zu geben. Des weiteren wären Schweden und Holland in den Vertrag aufzunehmen. Mit letzterem wollte man zu gleicher Zeit die Fischerfrage endgültig beilegen. Ersteres war einem Vertrage zwar nicht abgeneigt, doch nur unter der Voraussetzung, ebenfalls Bedingungen stellen zu dürfen. Es verlangte, dass der englische König Geld und Leute aufbringe, dann wolle es den Krieg weiterführen: imfalle Karl I. eine Armee nach Deutschland schicke, verpflichte sich die Königin von Schweden, ihm das Land zwischen Rhein und Weser einzuräumen, von wo aus man Operationen nach der Pfalz oder sonst wohin vornehmen könne.

Der englische König hatte den Schweden durch Fleetwood die Aushebung von Truppen in seinem Lande und die Beschützung der schwedischen Schiffe als Anerbietungen machen lassen. Doch aus den Äusserungen von John Berclay, den Karl I. nach Schweden geschickt hatte, ging hervor, dass man in England nicht die Waffen zu ergreifen, sondern nur Karl Ludwig zu unterstützen bereit[1]) sei. Auf solche Enthüllungen hin war Schweden nicht geneigt, irgend welche Verpflichtung einzugehen. Die Verhandlungen in Hamburg liessen lange auf sich warten. Anfangs des Jahres 1638 schreibt Elisabeth, die Witwe Friedrichs VI. von der Pfalz, an Thomas Roe, sie denke, der Vertrag sei eingefroren, so dass er vor Kälte sterben werde.

Endlich wurde im Sommer dieses Jahres Roe nach Hamburg geschickt, um mit den Bevollmächtigten Schwedens und Frankreichs zu conferieren. Er gewann sofort die Ueberzeugung, dass er nichts ausrichten könne, da, wie es schien, die Ver-

---

1) Ex aliis autem istius Barclai sermonibus colligebatur, ipsum Anglum haut quicquam in arma erupturum, sed tantum Palatino consilia laturum. Pufendorf, de rebus Suecicis IX, § 77.

handlungen nur deshalb aufrecht erhalten wurden, um Karl I. die Möglichkeit zu einem Bündniss mit Spanien zu nehmen.

Karl I. bestand in Hamburg auf vollständiger Restitution der Pfalz, Frankreich und Schweden erklärten nur dann ihre Bereitwilligkeit hierzu, wenn sich Karl verpflichte, zu Wasser und zu Land Krieg zu führen, wozu er weder Lust noch die Mittel hatte.

Richelieu war damit zufrieden, zumal in derselben Zeit auch Unruhen in Schottland ausgebrochen waren, von denen er wohl wusste, dass sie Karls I. ganze Kraft in Anspruch nehmen und er so gegen Frankreich nichts unternehmen könne; mehr hatte er nicht gewünscht.[1]) Gleichzeitig mit den Verhandlungen zu Hamburg wurde auch der Versuch gemacht, die pfälzische Frage auf einem Convente zu Brüssel zu lösen. Dies geschah auf die Vermittlung der Prinzessin von Pfalzburg,[2]) einer Schwester des verbannten Herzogs von Lothringen.

Es wurde von spanischer Seite der Vorschlag gemacht, der englische König solle im Bunde mit dem Kaiser und Spanien Frankreich so lange bekriegen, bis dieses seine Eroberungen im Elsass und in Italien herausgegeben hätte, wofür Spanien und der Kaiser die Garantie der Restitution des Pfalzgrafen leisten sollten. Mache Maximilian von Bayern Schwierigkeiten, so solle Karl I. auch gegen diesen, wie gegen jeden, der sich widersetze, eine Liga schliessen. Ausserdem war hier von einer 8 ten oder gar 9 ten Kurwürde die Rede.

Die Antwort des englischen Königs auf diese Vorschläge war sehr befriedigend, und so schickte der Kaiser im März 1639 den Grafen von Nassau mit Instruktionen nach Brüssel. Auch der Kardinal Infant war zur Stelle. Doch der englische Gesandte liess vergebens auf sich warten. In Dänemark erfuhr der kaiserliche Gesandte Kurtz, Taylor habe keine Vollmacht gehabt, sich in die Brüsseler Verhandlungen einzulassen und sei deshalb von Wien abberufen worden; in diese willige Karl I. nur dann, wenn der dänische König Schiedsrichter sein dürfe. Auf dieses hin schrieb der Kaiser an Kurtz, er möge mit einer

---

1) Gardiner VIII, 376.
2) Proposition de la part de Madame la Princesse de Phalsburgh. Brux. 23. Juli 1638. Clarendon: Papers II, 16.

Erklärung so lange warten, bis er Erkundigung bei dem König von Spanien und dem Kurfürsten von Bayern eingeholt habe. Mittlerweile fiel eine Depesche des spanischen Bevollmächtigten Cardenas in London in die Hände der Schweden, worin der Beilegung aller streitigen Punkte in der pfälzischen Sache auf einer Conferenz zu Brüssel Erwähnung gethan war. Zum Glück für Karl wusste Cardenas nichts Näheres über die Verhandlungen. Sobald aber dies zu den Ohren des englischen Königs drang, protestierte er laut. Taylor wurde sogar in den Tower geschickt, während Cardenas bei dem englischen König in Ungnade fiel.

§ 4.
Karl Ludwigs erster Aufenthalt in England.

Die Jugendgeschichte des später so hervorragenden Kurfürsten Karl Ludwig bildet eine ununterbrochene Reihe von Unglücksfällen und Missgeschicken, die er allerdings zum Teil selbst mitverschuldet hat.

Im Jahre 1617, in der glücklichsten Zeit Friedrichs V. geboren, musste er seit jenem Verhängnis, das über seinen Vater hereingebrochen war, bis zu einer Restitution in unverschuldeter Verbannung leben. Die unglückliche pfälzische Familie hatte in Holland bei dem Oranier Moritz und nach dessen Tode bei seinem Bruder Heinrich Friedrich die beste Aufnahme gefunden. Hier hatte Karl Ludwig Gelegenheit, eine vielseitige Bildung sich anzueignen und sich auf seinen künftigen Beruf vorzubereiten. Sein älterer Bruder Heinrich Friedrich wurde nämlich schon einige Jahre vor dem Tode seines Vaters durch einen jähen Unfall aus dem Leben gerafft, wodurch Karl Ludwig die Aussicht auf die pfälzische Kur eröffnet wurde. Man darf wohl annehmen, dass er in Holland an den Feldzügen des Prinzen von Oranien teilgenommen und sich im Kriegshandwerk geübt hat. Es darf als sicher gelten, dass seine Mutter sowohl wie auch der Prinz von Oranien, die beide Förderer der Künste und Wissenschaften waren, ihn mit den bedeutendsten Persönlichkeiten in Beziehung brachte. Ende des Jahres 1635 wurden die beiden ältesten Söhne des verstorbenen Kurfürsten von ihrem Oheim Karl I. eingeladen, nach England zu kommen.

Der Mutter Karl Ludwigs hatte ihr Vater Jakob I. aus politischen Bedenken verboten, an seinen Hof zu kommen. Erst nach dem Tode Friedrichs V. lud Karl I. durch Arundel seine Schwester nach England ein, trotzdem er fürchten musste, dass ihre Anwesenheit in England die Puritaner ermutigen könne.[1]) Anfangs war Elisabeth damit einverstanden. Bald jedoch gab sie diesen Entschluss auf und blieb ihrer Familie zu Liebe in Holland.

In jenen Tagen war der Hof Karls I. einer der glänzendsten in ganz Europa. Mitten hinein sollten nun die beiden Prinzen gestellt werden.

Karl Ludwig leistete noch im November der Einladung seines Onkels Folge, hierbei hauptsächlich von der Absicht geleitet, Karl I. um Unterstützung in seiner Sache anzugehen. Zu den wenigen Begleitern des Kurfürsten gehörte Johann von Rusdorf, ein bedeutender Diplomat und aufrichtiger Freund des pfälzischen Hauses.

In England wurde Karl Ludwig in einer Weise wie es einerseits seiner Stellung andererseits seiner Verwandtschaft zum englischen Königshause entsprach, empfangen. Die öffentliche Meinung jubelte dem Sohne der „queen of hearts", wie Elisabeth volkstümlich genannt wurde, von allen Seiten zu.

Im Anfange des nächsten Jahres kam auch Ruprecht nach England, um dem englischen König für die freundliche Aufnahme seines ältern Bruders zu danken.

Franzosen wie Holländer, mit denen der Prinz im Haag wohl sehr geliebäugelt haben mag, versprachen sich hiervon sehr viel; sie glaubten aus ihrem freundschaftlichen Verhältnis zu ihm folgern zu dürfen, stets Aufschlüsse über Vorgänge am englischen Hof erhalten zu können. Doch sofort bei seinem Erscheinen verdarben die französischen wie holländischen Gesandten durch ihre eigene Schuld die Sache. Statt dem Kurfürsten, wie der König es wünschte, den kurfürstlichen Titel zu geben, bestanden sie hartnäckig auf dessen Verweigerung. Nur der spanische Gesandte machte davon eine rühmliche Ausnahme und legte ihm ohne weiteres den Titel bei. Es gab daher der englische König zu verstehen, er müsse, falls er oder ein anderer Gesandter seinen Neffen besuche, auf der richtigen

---

1) Gardiner VII, 208.

Betitelung verharren. Daraufhin mieden die Franzosen jeden Umgang mit dem Kurfürsten, und so wurden alle Erwartungen, die sie auf seine Anwesenheit in London setzten, vereitelt. Es kam sogar soweit, dass Karl Ludwig sich ganz in die Arme seines Onkels und seiner Ratgeber warf.[1])

Die Puritaner, welche die Ankunft der beiden Prinzen aufs freudigste begrüssten, hatten gehofft, dass Karl I. seinen Verwandten hohe Stellen zuweise, die es ihnen ermöglichten, einen grösseren Einfluss auszuüben und Unterstützung zu erhalten. Auf diese Weise wollte Karl die Sache seiner Neffen nicht fördern; er zog diplomatische Verhandlungen vor.[2])

Einem Plane des Königs, Karl Ludwig nach Westindien und Ruprecht nach Madagaskar zu schicken, konnte Elisabeth nicht beistimmen, da sie ihre Söhne nicht auf abenteuerlichen Zügen verwendet wissen wollte.

Mehr in seinem Sinne als nach dem Gutachten der pfälzischen Räte schickte Karl jene glänzende Gesandtschaft an den Kaiser, deren Erfolglosigkeit Rusdorf schon im voraus erkannt hatte. Nach seiner Rückkehr suchte Arundel dem englischen König die Überzeugung beizubringen, dass man nur mit Waffengewalt etwas in der Sache Karl Ludwigs durchsetzen könne.

Daher bemühte sich der Kurfürst,[3]) den englischen König zu bewegen, ihn an die Spitze einer vollständigen Armee zu stellen. Eine ganze Armee[4]) auszurüsten und zu unterhalten überstieg aber die Kräfte Karls, der genug für sich zu thun hatte. Doch war er in der Lage, seinem Neffen eine bestimmte Anzahl Schiffe zu geben, ohne damit seine Verträge mit den Spaniern zu verletzen. Hiermit hätte Karl Ludwig ganz gut mit den Franzosen oder Holländern sich verbinden können. Ebenso

---

1) the king has absolutely gained him to himself from his Dutsch and French counsels. Clarendon: Papers I, 389.

2) Benger: Queen of Bohemia II, 327.

3) Elector vastis cogitationibus occupatus conatur Regem perpellere, ut sibi integrum exercitum in Germaniam producendum alat. Rusdorf: epistolae S. 183 ff.

4) Nimirum cum rex suis ipse auspiciis bellum gerere, et pacem quam cum Hispanis habeat exuere haud consultum et utile rebus suis hoc praesertim rerum statu, existimet, annitendum est, ut ab eo certus navium bellicarum et instructarum numerus impetretur, quia id sine magnis impensis et incommodo facere posset. (ib.)

leicht wäre es für ihn gewesen, in England eine kleine Anzahl Truppen auszuheben, wobei ihn sicher der König und seine Freunde unterstützt hätten. Falls er diese den Schweden zuführte, war für ihn ein Entgegenkommen derselben zu erwarten. Mit solchen ihm zur Verfügung gestellten Mitteln wollte Karl Ludwig nicht operieren. Da er noch durch einen Vertrauten erfuhr, der König beabsichtige nichts in seiner Sache zu thun, bevor die Verhandlungen mit Frankreich zu einem günstigen Abschluss gebracht wären, entschloss er sich, von jeder Aktion abzusehen.[1]) Darüber machte ihm mit Recht Rusdorf bittere Vorwürfe. Die kleinste Unterstützung hätte der sonst von allen verlassene Kurfürst mit Dank annehmen sollen. Begreiflich ist, wenn Rusdorf, der es am redlichsten mit der pfälzischen Familie meinte und ihr sein ganzes Leben aufopferte, seinem Unwillen gegen den Kurfürsten Luft machte, zumal er sich überhaupt mit der englischen Politik nicht befreunden konnte. Unter Friedrich V. hatte er in den Jahren 1622—27 am englischen Hofe einen Gesandtschaftsposten eingenommen und schon damals dieser Politik andere Wege zu weisen versucht. Nun sah er diese immer noch in denselben Geleisen sich bewegen: nicht mit Spanien zu brechen. Wenn er vielleicht anfangs gehofft hatte, Karl werde infolge der Anwesenheit des Kurfürsten eine äusserste Kraftanstrengung machen, so belehrten ihn dessen Verhandlungen mit dem Kaiser und Frankreich eines besseren. Während der Verhandlungen [2]) mit dem französischen König richtete Karl I. an den König von Dänemark die Bitte, keinen Frieden zu schliessen, ohne dass die Pfalz darin aufgenommen werde. Als Antwort erhielt der englische König zurück,[3]) er habe noch nichts über die pfäl-

---

1) In hac Regis declaratione Elector non illubens acquiescit interea tempus nihil agendo et incerta expectando elabi patitur. Rusdorf: epistolae 183 ff.

2) Ajunt praeterea Regem ad Suecos et Danum Legatos vel nuntios missurum, rogatum ne pacem paciscantur, nisi Palatinus restitutione comprehensa. (ib.)

3) se (Danum) quidem nescire, quo loco res Palatinicae sint; sibi enim hactenus neque ex anglia neque aliundo quicquam de eis perscriptum, neque a se petitum fuisse, ut eas commendatas haberet quocirca nihil causae esse, cur multum de re sibi incognita et ad suam curam non spectante sollicitus esse debeat. (ib.)

zische Sache erfahren und daher keine Veranlassung, sich darum zu kümmern.

Rusdorf konnte es dem Kurfürsten nicht verzeihen, dass derselbe vor seiner Reise nach England diesen Verwandten, der einen so grossen Einfluss beim Kaiser hatte, nicht besuchte und ihm seine Angelegenheit empfahl. Sicherlich hätte er einen viel grösseren Vorteil davon gehabt, als wenn er hier in England die Zeit mit Ergötzlichkeiten und sogar mit Einbusse seines guten Namens zubringe. Trotzdem seine Ermahnungen unberücksichtigt blieben, so verbiete ihm Pflicht und Gewissen nicht davon abzulassen.[1]) Schmeicheln könne er dem Prinzen nicht, dessen Heil und Ehre ihm anvertraut seien. Sehr bitter sei es für ihn, dass der Kurfürst nur Schmeichlern ein geneigtes Ohr leihe und erprobte Ratgeber und Freunde hintansetze. Es betrübe ihn unendlich, wenn er sehen müsse, wie die Prinzen täglich ihren guten Namen und die Achtung verlieren, die sie zur Zeit ihrer Ankunft bei König und Volk gehabt hätten. Er nehme vieles wahr, was ihm missfalle, doch ändern könne er nichts. Oft habe es ihn schon gereut, diese Reise nach England befürwortet zu haben. Am liebsten wäre es ihm gewesen, wenn der Kurfürst England nie gesehen hätte. Nun habe er dasselbe so lieb gewonnen, so dass er sich nur schwer von diesem Lande werde trennen können. Häufig habe er ihm geraten, zu andern Verwandten zu gehen, mit rühmlichen Thaten die Welt zu erfüllen und einen guten Ruf sich zu verschaffen. Doch verschliesse sich der junge Fürst gutem Rate.

Manchmal mag der am englischen Hofe von dem Kurfürsten zurückgesetzte Rusdorf in seinem Tadel zu weit gegangen sein. Karl Ludwig von jedem Vorwurfe freizusprechen, ist nicht möglich. Eine genussfrohe Natur ist er während seines ganzen Lebens gewesen und im höheren Grade wird man wohl dies von seiner Jugend annehmen müssen.

Rusdorf starb schon im Jahre 1640, also in einer Zeit, wo der Kurfürst kaum ausgereift sein konnte. Es geben deshalb seine Schilderungen uns nur ein Bild von dem allerdings etwas

---

1) Scio me libertate et fide mea offensionem potius, quam praemium parere; sed conscientiae et officio meo satisfacere cogor. Adulari et palpum facere Principibus quorum salus et honor mihi curae, meaeque fidei commendata sunt, Religioni duco. (Rusdorf: epistolae 183 ff.)

leichtfertigen Jugendleben und dürfen deshalb bei einer allgemeinen Charakterisierung Karl Ludwigs nicht so schwer ins Gewicht fallen. Dem gegenüber stehen die englischen Quellen, welche den jugendlichen Kurfürsten ganz günstig beurteilen. Darnach scheint Karl Ludwig am englischen Hofe namentlich mit Roe, dem intimsten Freunde seiner Mutter, und mit dem Erzbischof Laud in einem sehr innigen Verhältnis gestanden zu haben.

Aus sehr vielen Briefen Elisabeths an Roe geht hervor, dass der Kurfürst das Unglück seines Hauses bedauert und eine Besserung von Herzen wünschte.

Gerade bei den Verhandlungen Karls I. mit dem Kaiser war es zuweilen vorgekommen, dass das Vertrauen des Neffen zu seinem Onkel schwand, namentlich wenn die Erfolge nicht seinen Erwartungen entsprachen.

In dieser Hinsicht wurde er besonders von Roe beeinflusst; so riet ihm dieser, er solle dem König gegenüber Niedergeschlagenheit und Kummer zeigen, wenn es seine Sache fordere, sonst aber ein freundliches Gesicht. Im übrigen nennt Roe in seinen Briefen den Kurfürsten eine „sweet nature": er verstände es trotz seiner Jugend seine Untergebenen zu behandeln und lieben, wie manche Fürsten es nicht im Alter vermöchten.[1]) Auf den König wegen der Ratgeber des Kurfürsten einen Druck auszuüben, habe man nicht nötig; dieser sei selbst vernünftig genug, um der Ratschläge zu bedürfen.

Von dem aus England scheidenden Karl Ludwig bemerkt Roe, dass alle guten Menschen seine Abreise bedauerten.[2]) Er sagt über seinen Aufenthalt in England folgendes: I was sad to see him languishing in our labyrinths of delay and pleasure.

---

1) It is not the first time your Majesty confessed to me ... your affection to the Prince Elector, but now I must approve and admire your judgment, for there was never any fairer subject of love. He hath the perfect odour of a sweet nature, adorned with the virtues of a prince, especially secrecy and sedulity, in his youth, and he can love and discern his servants, which few old princes do. Bruce: Statespapers X, 71. Roe to Elisabeth.

2) The Prince Elector leaves behind him such an odour of his sweetnes and virtues that all good men mourn his departure. Bruce: Statespapers XI, 227 228.

Vom Haag aus schreibt der Kurfürst an Roe, es hätte ihm
leid gethan von ihm, nicht von England scheiden zu müssen;
nie hätte er in der Unterhaltung mit einem Manne mehr Be-
friedigung gefunden, als in der seinigen.[1]) Auffallend ist, dass
niemand der geistigen Vorzüge des Prinzen Erwähnung thut.
Ohne Zweifel war man über Karl Ludwigs Persönlichkeit nicht
ins Klare gekommen. Es scheint, dass dieser sich sehr zurückhaltend benommen hat, so dass es leicht zu begreifen ist, wenn
der ungestüme, feurige Ruprecht seinem älteren Bruder vor-
gezogen wurde. Das Verhältnis zwischen Onkel und Neffen war
im allgemeinen ein sehr gutes. In voller Übereinstimmung mit
dem König begleitete er diesen nach Oxford, wo er von der
dortigen Hochschule als Sohn des Hauptes der Protestanten
Deutschlands Hookers ecclesiastical Polity zum Geschenke erhielt. Die Universität Cambridge gewährte ihm den Titel „master
of arts". Der englische König zeichnete ihn mit dem Hosen-
bandorden aus.

Karl I. wollte ohne Zweifel seinem Neffen helfen, aber alle
Vorschläge in dieser Sache hatten grosse Schwierigkeiten für
ihn. Nur zum Schaden konnte es sein, dass Rusdorf in England eine Schrift verfasste, worin Karl Ludwig gegen die Wahl
Ferdinands III. zum römischen König protestierte, weil er dazu
seine Stimme nicht abgegeben[2]) habe. Überall erwartete man,
dass der englische König nach dem unglücklichen Ausgang der
Verhandlungen mit einer Flotte und mit Geld seinen ganzen
Einfluss geltend machen werde. Die einzige thatsächliche Unterstützung, die er seinem Neffen zuteil werden liess, bestand jedoch nur darin, dass er demselben 1200 Livres bewilligte, die
er unter Aufsicht seiner Mutter verbrauchen durfte. Hierdurch
wurde Elisabeth, die auf die Anwesenheit ihrer Söhne in England so grosse Hoffnungen setzte, veranlasst, dieselben zurück-
zurufen.

---

1) I was as loath to part from you (not from England) as you were sorry
to leave me; for besides my knowledge of your worth and zeal to my cause, I
never received so much contentment by any man's conservation. Bruce: Statespapers XI, 310. Charles Louis to Roe.

2) Manifest und Antimanifest sind gedruckt bei Londorp: Acta publica IV,
S. 642 ff., 711 ff.

§ 5.

Versuch Karl Ludwigs persönlich in die deutschen Verhältnisse einzugreifen.

Auch nach der Zurückberufung der Prinzen aus England gingen die Verhandlungen mit Frankreich ruhig weiter. Hierbei war einmal die Rede davon, dass der Kurfürst eine französische Admiralstelle erhalten und mit 15 Schiffen in die See stechen solle.[1])
Die Königin von Böhmen, die vom Haag aus beständig auf ihren königlichen Bruder Einfluss ausübte, missbilligte eine Operation ihres Sohnes zur See; sie wünschte, der König möchte ihm lieber 6000 Mann geben, mit welchen er zur Erlangung seines väterlichen Erbes in Deutschland thätig sein könnte.[2]) Und wirklich schien der englische König hiezu bereit.[3]) Natürlicher Weise musste man sich nach Verbündeten umsehen. Als der geeignetste erschien der Landgraf Wilhelm von Hessen. Er war einer von den wenigen Fürsten, die sich für das pfälzische Haus interessierten. Vom Prager Frieden ausgeschlossen war er in eine dem Kaiser feindliche Stellung geraten, die nach seinem Tode († Oktober 1637) auch seine Gemahlin Elisabeth einhielt. Die Gelegenheit, sich in den Besitz der führerlosen hessischen Armee zu setzen, war äusserst verlockend. Von dem Prinzen Heinrich von Oranien wurde der Vorschlag gemacht, dass Karl Ludwig sich um diese Truppen bewerben solle. Dieser schickte zu dem Zwecke Horneck an die Landgräfin und Offiziere, um nach dieser Seite hin Schritte zu thun. Ausserdem liess er durch Lord Richard Craven bei Karl I. um eine Geldunterstützung für das Unternehmen anhalten.[4])

---

1) Gardiner VIII, 205.
2) But if the king would give her son 6000 men, the Landgrave would join as many more, and he hopes they can get the States to add somewhat to it, so, if God will be pleased, he is confident to do some good service — at least make her son appear like himself in Germany. Bruce: Statespapers X, 559. Elisabeth to Roe.
3) Gardiner VIII, 376.
4) he has given Sir Richard Cave (Craven) order to beseech the king that he will bestow something upon him to help his beginning. Bruce: Statespapers XI, 489. Elisabeth to Roe.

Milander, der Befehlshaber der hessischen Truppen, wie Amalie verhielten sich gegen eine Verbindung mit dem Pfalzgrafen nicht ablehnend. Doch diese war sehr umworben. Zunächst wollte der Landgraf von Hessen-Darmstadt Land und Truppen der Gräfin sich aneignen. Diesem kam sie dadurch zuvor, dass sie die Stände berief und sich und ihrem unmündigen Sohne den Treueid leisten liess. In den Verhandlungen des Kaisers, der die besten Bedingungen stellte, zeigte sie kein Entgegenkommen. Die günstigsten Aussichten hatte Herzog Bernhard von Weimar, der im Bunde mit den hessischen Truppen sich eine souveräne Stellung verschaffen wollte. Schliesslich kamen die hessischen Truppen in französische Hände.

Es mag auch hier Karl die Schuld treffen, wenn sich die Verhandlungen zerschlugen. Gewiss ist, dass man in England wo ein thätiges Eingreifen Karl Ludwigs gewünscht wurde, ohne dabei selbst die Hand rühren zu müssen, denselben tadelte, weil er nicht persönlich zu den hessischen Truppen ging.[1]) Jedenfalls hielt er es aber für eine bedenkliche Sache, zu einer Armee zu gehen, deren Gesinnungen er nicht kannte. Zu gleicher Zeit und kurz vor seinem Zuge nach Deutschland verhandelte Karl Ludwig mit den schwedischen Gesandten Camerarius und Wolfius in der Nähe vom Haag.[2]) Diese schlugen vor, die schwedischen Truppen mit den hessischen und pfälzischen an der Weser zu vereinigen; die Königin von Schweden möge den Oberbefehlshaber ernennen, während das Heer, allen drei Teilnehmern an dem Unternehmen verpflichtet, vom Kurfürsten unterhalten werden solle.

Die Königin von Schweden versprach ihrerseits nur unter Mitwissen der Landgräfin und des Kurfürsten über den Frieden zu verhandeln und beiden Genugthuung zu verschaffen. Nach

---

1) That my not going to the Hessen troops is much blamed in England. Bruce XII, 47. Charles Louis to Roe.

2) Suecias ad Visurgim copias cum Palatinis et Hassis in unum compingendas exercitum, qui tam Reginae, quam Electori et Landgraviae juramento fidem obstringeat. Is a Regina penderet, penes quam sit summum ducem constituere. Elector sumtus conducendis militibus, et menstruam pecuniam apparatumque bellicum et annonam curaret. Vicissim Regina pollicebatur, de pace non acturam, nisi praescio Electore et Landgravia, effecturamque ut utrique satisfiat et Elector in statum, qui fuit ante motus Bohemicos, reponatur. Pufend. X, § 38. .

langen Erörterungen über den Oberbefehl und die Kurwürde, die sich Karl Ludwig ganz bestimmt zugesichert wissen wollte, ging man, ohne das Bündnis zum Abschluss gebracht zu haben, auseinander. Bald darauf wurde Paul von Rammingen vom Kurfürsten nach Schweden geschickt, um der Königin die pfälzische Sache bei den Friedensverhandlungen zu empfehlen und ihr die Vereinigung der pfälzischen Truppen mit denen des schwedischen Generals King anzuzeigen; ferner sollte er die Königin bitten, sie möchte ihre Führer anweisen, den Kurfürsten, solange er im Felde stehe, mit Rat und That zu unterstützen und ihm, imfalle der Not, auch Zuflucht bei den schwedischen Besatzungen zu gewähren. Ausserdem möge sie ihm und seinen Gesandten Zugang bei den Friedensverhandlungen erwirken und ihren Bevollmächtigten in Hamburg auftragen, nicht nur das gemeinsame Bündnis, sondern auch die mit ihm begonnenen Verhandlungen zu beschleunigen. Diese Zumutungen kamen den Schweden sonderbar vor, namentlich da man pfälzischerseits für wenige Truppen die Restitution der gesamten Pfalz fordere. Dennoch erhielt Karl Ludwig eine günstige Antwort: man habe Salvius aufgetragen, bei den Friedensverhandlungen das Interesse des pfälzischen Hauses zu wahren und einen Vertrag für beide Teile zu schliessen. Wegen der Kurwürde empfehle es sich, dass der Kurfürst nicht allein Schweden die Sache überlasse, sondern auch andere Mächte um Beistand angehe. Was die Verbindung der pfälzischen und schwedischen Truppen betreffe, so hoffe man, dass sie der Königin von Schweden nutzbringend sein werde.

Die Aushebung von Truppen wurde Karl Ludwig dadurch ermöglicht, dass ihm sein Onkel eine bedeutende Summe Geld schickte,[1]) die er von Leuten, welche der Krone nahe standen und von den Freunden des Pfalzgrafen zusammenbrachte;[2])

---

1) Charles actually sent the young man 30000 l. to raise troops, and Charles Lewis used the money to buy the allegiance of the garrison of Meppen. Gardiner VIII, 376.

2) In the former year (1636) an attempt had been made to raise money for the Palatines by a sort of king's letter sent to be preached upon and collected for, through all the curches in England. Subscriptions were also opened, at the head of which Lord Craven's name stood for 10000 l. and at the tail of it king Charles' name for the same sum. Warburton: Memoirs of prince Rupert I, 77/78.

von den letzteren gab Lord Craven allein 10000 Livres zu dem Unternehmen. Ausserdem trugen Prinz Ruprecht, der Bruder Karl Ludwigs und der Prinz von Oranien nicht wenig zur Werbung und Organisierung der Truppen bei. Letzterer gestattete sogar seinen Offizieren, sich dem Kurfürsten anzuschliessen, ohne dass sie hierbei ihre Charge in Holland verlieren sollten.¹)

Dennoch ging die Werbung nicht nach Wunsch. Statt 6000²) Mann wurden kaum 2000³) aufgebracht. Dazu traf den Pfalzgrafen noch ein anderes Missgeschick. Meppen, im Stifte Münster gelegen, hatte Karl Ludwig von der Witwe des schwedischen Oberst Kniphausen gekauft, um es zum Ausgangspunkt des ganzen Unternehmens zu machen. Zu dieser Erwerbung hatte ihn die günstige Beschaffenheit des Ortes und dessen nahe Lage zu den schwedischen Besatzungen bestimmt. Im Mai 1638 gelang es den Kaiserlichen, diesen Platz durch Überrumpelung zu nehmen. Der Verlust von Meppen war ein harter Schlag für Karl Ludwig; es schien, als ob das Unglück seines Vaters sich auch auf ihn vererbt habe.

Gleichzeitig scheiterten ausserdem noch die Verhandlungen mit der Landgräfin von Hessen. Diese Missgeschicke vernichteten die Hoffnungen Karl Ludwigs noch nicht; vielmehr sandte er sofort Lord Craven an den schwedischen General King, um denselben zur Vereinigung seiner Truppen mit den pfälzischen einzuladen. Nachdem man sich über einige strittige Punkte entschieden, fand diese in Stadloh in Westfalen im August 1638 statt. Die Zahl der Truppen betrug nur 4000⁴) Mann. Während diese Lemgo belagerten, rückte der kaiserliche Generalfeldmarschall Hatzfeld mit einer beträchtlichen Armee zum Entsatze heran. Auf diese Nachricht hin sah man von der Belagerung ab; die einen schlugen vor, nach Minden, einer schwe-

---

1) De Prins van Orangie om dese lichtinge te favoriseeren liet weeten aen alle Officiers alhier in dienst sijnde, dat soo wie lust hadde om sich by den keurvorst t'engageren sulcx niet alleen vrylyck moeht doen; maer oock syne charge alhier behouden. Aitzema: Saken van staet en oorlogh II. 531.

2) ibid.

3) Palatinae copiae mille septingenta capita explebant, cum antea de quinque millibus spem fecissent. Pufendorf, X, § 41.

4) The united forces did not exceed four thousand men. Warburton I, 83. Nach Koch: Geschichte Ferdinands III., I, 95 betrug sie 5000 Mann.

dischen Garnisonstadt in Westfalen, sich zurückzuziehen, andere, worunter King, drangen mit ihrem Vorschlag, den Weg nach Vlotha einzuschlagen, zum Nachteile des Kurfürsten durch. Bei Lemgo brachte am 17. Oktober die Verräterei Kings, der absichtlich den richtigen Moment zum Eingreifen versäumte und die ungünstige Beschaffenheit des Terrains den schwedisch-pfälzischen Truppen eine Niederlage bei, obwohl der Flügel, den Lord Craven und die pfälzischen Prinzen kommandierten, einen entschiedenen Vorteil hatte. Von allen verlassen, mussten sie schliesslich der Übermacht weichen. Die Mehrzahl blieb auf dem Schlachtfelde, nur wenige entkamen. Prinz Ruprecht und Lord Craven gerieten in Gefangenschaft. Karl Ludwig und General King retteten sich durch die Flucht. Beim Übersetzen über die Weser kam Karl Ludwig persönlich in Gefahr; nur dem Umstande, dass er aus dem sinkenden Fahrzeuge sprang, und sich an einem Weidenbusche festhalten konnte, verdankte er sein Leben.[1])

Von hier ging er zu Fuss nach Minden, wo er sich zwei Monate lang bei dem Ratsherrn Schwechhausen im tiefsten Incognito aufhielt.[2]) Anfangs Dezember begab er sich nach Glückstadt. Hier hielt sich gerade der König von Dänemark auf.[3]) Er wurde von diesem freundlich aufgenommen und bekam auch die Versicherung, dass er sich bei den Friedensverhandlungen seiner annehmen werde. Eine Geldunterstützung liess er ihm wahrscheinlich nicht zukommen, in der Befürchtung, es könnte diese bei dem Kaiser Anstoss erregen und üble Folgen nach sich ziehen.

§ 6.
Versuch des englischen Königs und Karl Ludwigs die weimarsche Armee zu gewinnen.

Auch während der Streitigkeiten mit den Schotten vergass Karl I. nicht ganz seinen Neffen; so wandte er seine Blicke

---

1) The Elector escaped by clinging to a willow branch. Warburton 1, 91.
2) Geiger, Ausgelöschte Pfalz-Simmersche Stammlinie, S. 114.
3) Bei Eingang dess Dezember kam der ältere Chur-Pfältz. Printz Carl Ludwig nach Glückstatt, ersuchte Ihre Majestät zu Dennemark, welche eben damals zu Glückstatt sich befanden ganz freundlich ihme mit Gelt und etwas Volk einen Vorschub zu thun. Aber er war vergebens und umbsonst angelangt. Theatrum europaeum III, 1003.

auf Herzog Bernhard von Weimar, der in französischen Diensten stehend, bedeutende Erfolge am Oberrhein davongetragen hatte. Gleich wie Karl Ludwig war auch er ein besitzloser Fürst und hatte infolge seiner ruhmreichen Thaten die Eifersucht und das Misstrauen der französischen Regierung erregt, zumal er im Verdachte stand, dass er eigene Pläne verfolge. Karl Ludwig wünschte ein gemeinsames Vorgehen mit diesem und lud ihn deshalb zu einer Verbindung ein; auf diese war der Herzog nur bereit einzugehen, wenn der Kurfürst ihm 4000 Mann stelle und eine runde Summe für die Unterhaltung der Truppen zahle.

Doch bald gewann letzterer die Überzeugung, dass Bernhard lieber für sich als für andere Krieg führe. Durch den plötzlichen Tod des Herzogs am 8. Juli 1639 konnte Karl Ludwig keine Probe machen.[1]

Um die weimarischen Truppen traten verschiedene Bewerber auf, obwohl in dem Testamente Bernhard seine Brüder zur Nachfolge in der Armee und als Erben der eroberten Länder bestimmt hatte; vorläufig sollten Erlach, der tüchtigste unter den Generälen, neben Ehm, Rosen und dem Grafen von Nassau das Oberkommando führen. Für Karl Ludwig war nun zunächst Gelegenheit geboten, sich in den Besitz der trefflichsten Armee zu setzen. Er ergriff diese Idee mit Eifer. Gleich nach dem Tode Bernhards eilte er vom Haag nach England, um, wie man vermute, Geld und Truppen zu holen.[2]

Von hier sandte er Oerst Peplitz und Paul Ramingen an die weimarische Armee; die Instruction Karl Ludwigs für beide Gesandte an den Grafen von Nassau ist noch vorhanden.[3] Hierin führt er aus, für die evangelische und die gefährdete deutsche Sache sei der Zusammenhalt der Armee unbedingt erforderlich. Die Gesandten sollten sich erkundigen, was Herzog Bernhard über die Armee bestimmt habe. Ferner sollten sie die Gesinnung der hohen Offiziere ausforschen und ihn als Anführer der Armee empfehlen. Er sei eben im Begriff nach England zu gehen, um bei seinem Onkel Geld zu holen, womit er

---

1) Gardiner IX, 56.

2) Es thaten Ihre Durchl. den ersten Augusti aus Amsterdam nur selbs dritt abfahren und dero Weg nach in Engelland und Schottland zu reisen und wie man vermuthet gehabt, Geld und Volk zu solicitieren. Theatr. europ. IV, 55.

3) Wundt, Geschichte Karl Ludwigs. Zusätze und Beilagen S. 7.

die Armee unterstützen wolle. Ausserdem giebt er ihnen Empfehlungsschreiben an alle Personen mit, die ihm nur zur Gewinnung des Oberbefehls über die weimarische Armee in irgend einer Weise behülflich sein konnten. Schon früher, vor der Einnahme Breisachs, hatte der englische König einen eigenen Minister-Residenten Olivier Flemming, nach Basel geschickt, um die Schweizer aufzufordern, bei dem voraussichtlichen Falle von Breisach zu verhindern, dass dieser Platz an Frankreich käme. Damals erhielt Flemming eine gehörige Abfertigung.[1]

Nun eröffnete dieser den Offizieren, der englische König wolle seinen Neffen, falls dieser die weimarische Armee erlange, zur Fortsetzung des Krieges mit einer Million Reichsthaler und monatlich 50000 Philippsthaler unterstützen.[2]

In der That bildete sich unter Ehm eine pfälzische Partei, welcher hauptsächlich die Offiziere der Reiterei angehörten.

Auf französischer Seite betrieb man die Sache nicht weniger eifrig. Nach Bernhards Tod erschien sofort Marschall Guebriant in Breisach, um das Offiziercorps auf seine Seite zu bringen. Ausser Briefen vom französischen König und dem Kardinal an die Offiziere wurden noch 3000000 Livres an die Armee geschickt.

Erlach war von vornherein durch ein Jahrgeld von 12000 Livres[3] gewonnen.

So kam die Armee Bernhards durch Bestechung nach einem in Colmar am 29. September abgefassten Vertrage in die Hände der Franzosen, obwohl nicht wenige mit diesem Schacher unzufrieden waren.

Durch die Eroberung von Breisach fiel ganz Vorderösterreich in die Gewalt Bernhards. Für die Spanier, die hierdurch von einer Verbindung mit den Niederlanden zu Lande abgeschnitten wurden, musste jetzt die freie Schifffahrt im Kanale von der höchsten Wichtigkeit sein.

Im Sommer 1639 segelte eine grosse spanische Flotte von lauter schwerfälligen Seglern ab, um 12000 Mann und eine grosse Menge Geld nach Flandern zu bringen.[4]

---

1) Koch, Geschichte Ferdinands III., I, S. 123.
2) ib S 166.
3) ib. S. 165
4) The great fleet sailed from Corunna on August 26th. Gardiner IX, 59.

Den Spaniern war die Ueberlegenheit der holländischen Flotte über ihre eigene wohl bewusst; es lag ihnen daher an der Gunst des englischen Königs sehr viel. Karl I. zeigte sich zu einer Annäherung geneigt und liess seinem Admiral Pennington die Weisung zugehen, die spanische Flotte zu schützen. Bei dem ersten Zusammenstoss der holländischen und spanischen Flotte zog sich die letztere vor der ersteren in die Downs bei Dover zurück und gab sich so dem englischen König ganz preis. Für die Franzosen und Holländer war es von der grössten Bedeutung, die spanische Flotte zu vernichten und für immer unschädlich zu machen. Beide, sowie auch die Spanier wetteiferten darin, Karl auf ihre Seite zu ziehen. Mit allen liess sich Karl in Unterhandlungen ein; von dem spanischen Gesandten verlangte er 150000 Livres, falls er die Flotte in Sicherheit brächte. Nicht weniger war der französische Gesandte Bellièvre rührig. Diesem war es sogar gelungen, die englische Königin Henriette Marie in die Verhandlungen zu verwickeln. Auf ihren Einfluss hin erklärte sich Karl I. bereit, die spanische Flotte dem holländischen Admiral Tromp blosszustellen, wenn die französische Regierung bewirke, dass Karl Ludwig an die Spitze der weimarischen Armee komme.

Der französische Gesandte forderte durch die Königin, ihr Gemahl möge dem Neffen 10 oder 12000 Mann geben und auf eigene Kosten unterhalten. Dies überstieg die Kräfte Karls I. Er antwortete, 6000 Mann zu stellen, die von der französischen Staatskasse besoldet werden sollten, sei alles, was er zu thun imstande sei; in diesem Falle müsste sich der französische König verpflichten, keinen Frieden ohne Restitution der Pfalz zu schliessen, zur Annahme dieser Bedingungen gestatte er 14 Tage Bedenkzeit, während welcher er die Verhandlungen mit den Spaniern unterbrechen wolle.

Wie immer so verfolgte Karl I. auch hier die Politik der freien Hand. Mit keinem wollte er brechen und doch von jedem möglichst viel gewinnen. Das Ende war, dass er mit Schimpf und Schande aus den Verhandlungen kam, durch welche er vielleicht die Restitution seines Neffen hätte durchsetzen können.

Während Karl I. immer noch auf eine Antwort von Spanien und Frankreich wartete, ging Tromp, der indessen seine Flotte sehr verstärkt hatte, zum Angriff über. Zwanzig spanische

Schiffe strandeten; die übrigen entkamen, von Tromp verfolgt, nach Dünkirchen.

Der Traum von der Wahl zwischen 150000 Livres und dem Commando über die weimarische Armee war hiermit dahin. Zu seinem Schaden musste Karl den gestrandeten Schiffen anstandshalber das Geleite geben.

Karl Ludwig hatte sich, nachdem er von den Direktoren der weimarischen Armee eine günstige Antwort erhalten, mit einer beträchtlichen Summe Geld[1]) auf den Weg zu den Truppen gemacht. Verfehlt war von vornherein, dass er sich zu lange in England aufhielt. Am besten wäre es gewesen, wenn er sofort nach Bernhards Tode vom Haag aus sich zur Armee begeben hätte, wie ihm auch der Prinz von Oranien geraten.[2])

Über die Reise des Kurfürsten hatte der englische König mit Bellièvre gesprochen. Dieser hatte ihn darauf aufmerksam gemacht, dass es sich für einen Fürsten von so hohem Range nicht schicke, durch Frankreich zu reisen, ohne vorher den französischen König darüber benachrichtigt zu haben. Karl erwiderte darauf, sein Neffe werde sich in Paris bei dem Grafen Leicester verabschieden und auch den französischen König besuchen.

Da Karl zu derselben Zeit das Anerbieten machte, 6000 Mann zu stellen, falls die Franzosen dieselben unterhielten und Karl Ludwig den Oberbefehl über die weimarische Armee anvertrauten, kam dies dem französischen König verdächtig vor. Man glaubte in Frankreich, der Kurfürst wolle, wenn er einmal im Besitze von Breisach sei, durch Herausgabe dieser Stadt sich vom Kaiser die Heimkehr in seine Lande erwirken.[3]) Die Reise gedachte Karl Ludwig incognito, als Diener des Lord Craven verkleidet, zu machen. Doch wurde dieselbe

---

1) Ende om een goede reuk van hem to geven by de wymarsche, wiert gespargeert dat hem de koning syn Oom hadde looft ende ten deele gegeven seven mael hondert duysent Gulden. Inder daedt had hy so aen gelt als aen wisselen by hem sestien duysent pont Sterlincx. Aitzema II, 617.

2) Electori Arausionensis vehementer suaserat, ut ad exercitum Vinariensem se conferret eiusque imperium summum invaderet. Pufendorf XI, § 48.

3) Quin credebant ab Anglis Palatino datum consilium, ut Brisaco et aliis locis Caesari restitutis Palatinatum redimeret, pacemque sibi peculiarem faceret. Pufendorf XI, § 59.

nicht geheim genug gehalten und so konnte der französische Gesandte seiner Regierung über jeden Schritt des Kurfürsten Nachricht geben.

Es war nicht klug gehandelt, dass dieser seinen Weg durch die Downs nahm, wo er von der englischen, spanischen und holländischen Flotte begrüsst wurde. Bei Boulogne stieg er ans Land und setzte seine Reise durch Frankreich fort. Da er in Paris den englischen Gesandten nicht besuchte und auch vom französischen König keine Erlaubnis hatte, durchs Land zu reisen, wurde er bei Moulins festgenommen und von hier nach Vincennes gebracht, wo er in ziemlich strenger Haft gehalten wurde. Bald wurde ihm seine Gefangenschaft erleichtert. Er kam nach Paris, erhielt eine prächtige Wohnung und täglich eine genügende Summe Geld aus der französischen Staatskasse; doch musste er versprechen, nicht ohne Einwilligung des Königs Paris zu verlassen. Im übrigen wurde er ganz wie ein Prinz behandelt. Er hatte einigemal beim französischen König Audienz und durfte mit ihm sogar bedeckten Hauptes sprechen; der kurfürstliche Titel jedoch wurde ihm verweigert. Sobald der englische König die Gefangennahme des Kurfürsten erfuhr, liess er durch seinen Gesandten Leicester die Freilassung desselben verlangen mit der Drohung, die Verhandlungen, die wegen der spanischen Flotte geführt wurden, sofort abzubrechen. Auch Holland und Schweden legten gegen das Verfahren des englischen Königs Protest ein. Am 25. Juli 1640 erst wurde Karl Ludwig entlassen, nachdem er sich vorher schriftlich verpflichtet, fernerhin nichts gegen den französischen König zu unternehmen. Seine Freilassung erfolgte hauptsächlich auf Verwenden von Lesley, durch den Richelieu in Schottland Unruhen erregt hatte und der ein Begünstiger der pfälzischen Sache war.

§ 7.
Pfälzische Frage auf dem Kurfürstentage zu Nürnberg und dem Reichstage zu Regensburg.

Bis jetzt waren alle Versuche des englischen Königs und Karl Ludwigs erfolglos geblieben; sie übergaben nun ihre Angelegenheit dem König von Dänemark, der sich als Vermittler angeboten hatte.

Um dessen Vermittlung zu umgehen, verwies der Kaiser die pfälzische Sache auf den Kölner Kongress. Die Franzosen zeigten sich noch im Jahre 1640 zurückhaltend, indem sie immer wieder andere Gründe als Entschuldigung vorbrachten und so schliesslich den ganzen Congress vereitelten.

Im Jahre 1637 hatte Karl Ludwig ein Manifest an alle christlichen Fürsten erscheinen lassen, worin er die Unrechtmässigkeit der Übertragung seines Erbes auf Maximilian von Bayern nachwies und um Unterstützung zur Wiedergewinnung desselben bat.

Eine Ablehnung dieses Manifestes verteilte Maximilian von Bayern drei Jahre später unter die in Nürnberg versammelten Kurfürsten; hier beschäftigte man sich neben andern Fragen hauptsächlich mit der Wiederherstellung des Friedens. Auch die pfälzische Frage wurde hier erörtert. Dänemark hatte sich mit dem Vorschlage, besondere Verhandlungen über diese Angelegenheit zu pflegen, an das Kurfürstenkollegium gewandt und der englische König den Mainzer Kurfürsten durch einen Gesandten ersucht, in Nürnberg eine Discussion darüber zu veranlassen.[1])

Da Bayern in dieser Frage am meisten interessiert war, so hing der Erfolg der pfälzischen Sache wesentlich von ihm ab; am liebsten hätte man es auf dieser Seite gesehen, die pfälzische Frage wäre nicht zur Discussion gekommen, und dies um so mehr, als die dänische Vermittlung unangenehm berührte. Lieber hätte man dem Kaiser diese Rolle überlassen. Gleichwohl war Bayern einer Separatverhandlung nicht abgeneigt; hatte es doch bei einer solchen schon von vornherein den Vorteil, nur England und Dänemark sich gegenüber zu haben, während bei den allgemeinen Friedenstractaten noch Frankreich und Schweden hinzukamen; ausserdem konnte das Kurfürstencollegium als Vermittler auftreten und einen Gegendruck auf den dänischen König ausüben. Als der passendste Ort für eine Separatverhandlung erschien Nürnberg. Diesen Entschluss wollte der Kurfürst nicht eher dem Collegium mitteilen, als bis er die Ansicht des Kaisers betreffs des dänischen Vor-

---

1) Brockhaus: Kurfürstentag zu Nürnberg, S. 168 ff.

schlags gehört hätte. Doch dieser wollte vorher die Antwort des Kardinal Infanten, an den er sich in dieser Sache gewandt, erwarten.

Um dem spanischen Einflusse zu umgehen, einigte sich das Kurfürstencollegium dahin, ein Collegialschreiben an den Kaiser zu richten und diesen darin dringend um Antwort auf den dänischen Vorschlag zu bitten. Gleichzeitig bot es sich an, bei den Verhandlungen über die pfälzische Frage die Vermittlung zu übernehmen, falls es dem Kaiser angenehm wäre.

Eine kaiserliche Antwort traf überhaupt nicht mehr ein, da einige Tage nach Abfassung dieses Schreibens der Kurfürstentag zu Ende ging. Bei all diesen vergeblichen Bemühungen hatte man doch soviel erreicht, dass die pfälzische Sache von den Universaltractaten auf eine Separatverhandlung gebracht wurde.

In Nürnberg fühlten sich schon die Kurfürsten der grossen Aufgabe nicht gewachsen und hatten verschiedene Reichsstände zu den Beratungen beigezogen; trotzdem war kein Beschluss von weittragender Bedeutung gefasst worden. Alle Verhandlungen in Nürnberg bildeten nur Vorarbeiten für den vom Kaiser auf den 16/26 Juli 1640 einberufenen Reichstag zu Regensburg, der jedoch erst am 3/13. September eröffnet wurde.

Die Vermittler in der pfälzischen Sache (König Christian IV. von Dänemark und das Kurfürstencollegium) hatten als Termin zur Wiederaufnahme der Verhandlungen den 6. Mai festgesetzt. Als Ort wurde Regensburg ausersehen und der Witwe und den Söhnen Friedrichs V., vor allem Karl Ludwig, dem Pfalzgrafen Philipp und der Witwe Friedrichs IV. Geleitsbriefe ausgestellt.[1]
In England war am 3. November 1640 nach langer Unterbrechung von Karl I. wieder einmal ein Parlament einberufen und diesem auch die pfälzische Frage vorgelegt worden. Wider Erwarten zeigte dasselbe das grösste Entgegenkommen. Beide Häuser beschlossen, den König mit Truppen zu unterstützen,[2] falls die Verhandlungen zu Regensburg keinen Erfolg hätten;

---

1) Urk. u. Aktenstücke z. Gesch. des Kurfürsten Friedr. Wilhelm, I, 702. Herausgegeben von Erdmannsdörffer.
2) Parlamenta trium Regnorum Britannicorum decrevisse, viginti quattuor millia militum suis sumtibus emittere Palatinatui recuperando. Pufendorf XIII, § 96.

ausserdem solle der König keine fremde Truppenwerbung in England gestatten, bevor eine bestimmte Antwort in Regensburg eingetroffen sei.[1]) Auch das schottische Parlament zeigte denselben Eifer für die Sache des Kurfürsten. Die Kluft, die aber bald zwischen dem König und Parlament ausbrach und für ersteren verhängnisvoll wurde, zwang letzteres, seine ganze Aufmerksamkeit England zu widmen.

Der König hatte auf Betreiben seiner Schwester Elisabeth einen seiner bedeutendsten Diplomaten, den Thomas Roe, nach Regensburg gesandt, um hier die pfälzischen Verhandlungen mit dem grössten Nachdruck zu betreiben. Als Gesandte des Pfalzgrafen waren Peplitz und Spina zugegen.

Von anfang an schien keine Hoffnung auf einen gütlichen Vergleich vorhanden gewesen zu sein, man wollte eben nur der Welt zeigen, dass, wenn alle friedlichen Mittel versucht, erst dann die Entscheidung durch die Waffen ergriffen werde. Am 11. Juli hatte Roe beim Kaiser Audienz, in welcher er denselben der freundlichen Gesinnung des englischen Königs zu dem gesamten österreichischen Hause versicherte und ihm vorstellte, dass ohne Restitution der Pfalz der Friede aussichtslos sei.[2])

Dem dänischen Gesandten Ulfeldius wurde die Audienz verweigert, weil in seinem Creditif dem Kaiser nicht der übliche Titel beigelegt war: dies hatte zur Folge, dass der Anfang der Verhandlungen hinausgeschoben wurde. Über diesen Verzug war man in England sehr unwillig; Roe erhielt sogar die Weisung,[3]) mit dem Kaiser allein zu verhandeln, falls keine Hoffnung sich darbiete, dass die Verhandlungen durch den König von Dänemark oder das Kurfürstencollegium gefördert würden; doch soll er dies mit der grössten Vorsicht thun.

---

1) Massen sich das Parlament erboten, im Fall gemeldte Abordnung und zu Regensburg angestellte Pfältzische Tractaten nicht gewünschter masse abgiengen, dem Könige mit rath und that dergestalt beyzustehen, wie solches dessen Ehre, des Königreiches Interesse und männigliches, gegen das Haus Chur-Pfalz tragende, affection erforderte. Chemnitz, Königl. Schwed. in Teutschland geführter Krieg IV, 1, 20.

2) Urk. u. Aktenst. I, S. 554.

3) if there be no hope of going on with the treaty under the king of Denmark and the Electoral College's mediation, and that the Diet be likely to dissolve, his Majesty is not against your treating with the Emperor. Hamilton, Statespapers XVIII, 74. Charles Louis to Roe.

Um diese Zeit wurde in Regensburg die Amnestiefrage besprochen. Roe suchte allen Ernstes eine Generalamnestie durchzusetzen; doch wider seinen Willen ward der Pfälzer von der Amnestie ausgeschlossen. Deshalb reichte Roe bei dem Mainzer Direktorium eine Protestation ein mit dem Bemerken, diese dem Reichstag vorzulegen und ihm einen Attest darüber auszuhändigen.[1]) Nur auf die Versicherung des Kaisers, dass die Publikation der Amnestie dem pfälzischen Hause nicht nachteilig sei, mochten auch die Verhandlungen ausfallen wie sie wollten, liess sich Roe beschwichtigen.[2])

Unterdessen hatte der Gesandte ein neues Creditif erhalten und beim Kaiser um Audienz nachgesucht. Aus dem Kurfürstencollegium wurde Kurmainz und Brandenburg bestimmt, um mit dem dänischen Gesandten in der pfälzischen Sache die Vermittlung zu übernehmen. Nun konnte man zu den Verhandlungen schreiten.

Am 21. September verlangten die pfälzischen Abgeordneten vollständige Restitution der Pfalz nach ihrem Bestand vom Jahre 1618 und ausserdem einen Ersatz für die schweren Verluste, die der Krieg Land und Leuten verursacht habe. Die Forderung wurde von Bayern schroff zurückgewiesen; es erklärte, in Verhandlungen nur dann sich einlassen zu können, wenn der Pfälzer mässigere Bedingungen stelle. Allmählich ging der Reichstag zu Ende und der Kaiser lud die Interessenten der pfälzischen Frage zur Fortsetzung der Verhandlungen nach Wien ein, nachdem er im Reichsabschied erklärt hatte, die ferneren Beschlüsse in der pfälzischen Angelegenheit sollen dieselbe Kraft wie Reichstagsbeschlüsse haben und ausserdem noch dem nächsten Reichsrecess einverleibt werden. Nur mit Mühe konnte Bayern überredet werden nach Wien zu gehen. Als Tag zur Wiederaufnahme der Verhandlungen wurde der 1. November festgesetzt. Wegen mancherlei Verzögerungen schritt man erst am 16. November zu den Verhandlungen.

Der englische Gesandte, der nach seinen Instructionen nur

---

1) Wogegen der Englische Ambassadeur den sechzehenden tag Herbst Monats, feyrlich protestirt und dem Chur-Mayntzischen Directorio, solche Protestation einreichen lassen. Chemnitz IV, 1, 32.

2) Urk. u. Akt. I, S. 764.

14 Tage Zeit für seinen Aufenthalt in Deutschland¹) hatte, beschwerte sich darüber bitter und reichte schon am 9. November bei den Mediatoren eine Schrift ein, worin er von dem bayerischen und spanischen Gesandten, die hauptsächlich an der strittigen Frage beteiligt waren, eine bestimmte Antwort verlangt. Der bayerische Gesandte war für den äussersten Fall zur Herausgabe der Besitzungen in der Unterpfalz bereit, von Verhandlungen über die Oberpfalz und Kurwürde wollte er nichts wissen.

Die Vollmacht des spanischen Gesandten war mit dem Tode des Kardinal Infanten erloschen, doch erklärte er sich mit den Bestimmungen, welche über die Unterpfalz getroffen würden, einverstanden, falls sein Herr eine congrua satisfactio erhielte. Nun bestanden der englische wie auch die pfälzischen Gesandten auf einer Erklärung über Oberpfalz und Kurwürde von Seiten Bayerns und über die congrua satisfactio von Spanien. So lagen die Dinge gegen Ende des Jahres 1641; auf keiner Seite ein Nachgeben. Überall nur Verzögerung.

Mittlerweile traf für den spanischen Gesandten seine neue Vollmacht ein. Auf dessen Wunsch fragten die Vermittler bei dem englischen Gesandten²) an, ob derselbe auch eine derartige Vollmacht habe und ob bei solch wichtigen Fällen nicht die Einwilligung des Parlaments nötig sei. Damals war schon der englische König mit seinem Parlamente zerfallen, und man legte daher auf die von ihm betriebenen Traktaten wenig Gewicht, obwohl der Gesandte behauptete, der König habe in auswärtigen Angelegenheiten freie Hand und zudem das Parlament die Sache eifriger betrieben, als der Regent selbst.

Unter diesen Umständen gab der Kaiser am 26. April/6. Mai folgende Hauptresolution:³)

1. Die Pfalzgrafen sollten sich schriftlich oder durch Gesandte gebührend unterwerfen und allen Bündnissen gegen das

---

1) Dass er instruiret wäre länger nicht als 14 Tag sich aufzuhalten. Theatrum europaeum IV, 417.

2) Ob demselben, umb dergleichen Plenipotentz sich zu bewerben, nicht auch belieben möchte? Dan ferner, ob Ihm nicht bewust, dass etwa vor diesem in dergleichen hochwichtigen Handlungen des Parlaments Consens von Nöthen gewesen und erfordert worden were? Chemnitz IV, 2, 22.

3) Chemnitz IV, 2, 71.

Haus Österreich entsagen, dann wolle sie der Kaiser wieder in Gnade aufnehmen.

2. Wolle er ihnen die Unterpfalz, die nun im Besitze des Kurfürsten von Bayern und des Königs von Spanien sich befände, als ein Reichslehen wieder zurückgeben.

3. Sollte ihnen für das Amt Germersheim der Pfandschilling, wodurch dasselbe an das pfälzische Haus kam, ausgelöst werden.

4. Auch die Oberpfalz wollte der Kaiser restituieren, falls dem Kurfürsten von Bayern für die ihm vom Kaiser verpfändeten Lande in Oberösterreich 13 Millionen rheinische Thaler gezahlt würden.

5. Von der Restitution der Oberpfalz sollte die Grafschaft Cham ausgenommen sein.

6. Sollten die Religionsverhältnisse, wie sie jetzt in Unter- und Oberpfalz beständen, auch fernerhin verbleiben.

7. Alle von dem Kaiser und dem Kurfürsten von Bayern gemachten Schenkungen auch in Zukunft Gültigkeit haben.

8. Entschädigungen für Schenkungen und Kriegsschäden die Pfalzgrafen in der Pfalz nicht anzusprechen haben.

9. Die Kurwürde solle bei Maximilian und dessen männlichen Nachkommen verbleiben, nach deren Ableben auf drei männliche Sprossen des Herzogs Wilhelm V. von Bayern übergehen und dann erst eine Alternation zwischen der wilhelminischen und rudolfinischen Linie eintreten.

10. Käme ein Bündnis zustande und nur in dieser Hinsicht seien die Bedingungen gestellt, so erwarte man vollständige Versicherung.

Auf diese Erklärung machte der englische und pfälzische Gesandte sofort Gegenvorstellungen und wiesen sie als unannehmbar ab. Es fiel schon an dieser Resolution auf, dass sie nicht in der gewöhnlichen Form, sondern nur mit der Unterschrift des lateinischen Registrators ausgestellt war. Der englische Gesandte wollte sogar abreisen; nur durch den dänischen Gesandten liess er sich dazu bringen, im Namen seines Königs auf seine Verantwortung hin 600 000 Reichsthaler für die Restitution der Oberpfalz anzubieten.

Als dann die Mediatoren den bayrischen Gesandten zu einem Nachlass betreffs der Forderung der Restitution der Oberpfalz zu bewegen suchten, verwies dieser auf den Kaiser und erklärte, bayrischerseits hätte man sich überhaupt nicht in Verhandlungen einzulassen brauchen, denn Maximilian seien die pfälzischen Lande rechtmässig übertragen worden. Obigen Entschluss schickte der englische Gesandte seinem König, worauf er wie auch die pfälzischen Gesandten von Wien abberufen wurden.

Da Bayern durchaus nicht in seinen Forderungen nachgab, reiste Roe am 1. Juli ab. Die mit so grossem Zeitverlust geführten Verhandlungen wurden nicht ganz abgebrochen. Der Kaiser versprach dem englischen Gesandten die Wiederaufnahme derselben am 10. Januar folgenden Jahres. Dieser Termin verstrich, ohne dass auch nur ein einziger der Geladenen erschien. Nach Koch [1]) war daran eine Intrigue Frankreichs schuld, das dem englischen König für den Friedenskongress günstige Bedingungen stellte. Im Reichsabschied von Regensburg hatte der Kaiser die Berufung eines Reichsdeputationstages nach Frankfurt gutgeheissen. Wegen mancherlei Hindernissen konnte dieser erst im Frühjahr 1643 seine Thätigkeit beginnen. Neben der Justizreform, die seine Hauptaufgabe bilden sollte, zog der Deputationstag auch die Friedensfrage in Beratung und musste hierbei auf die pfälzische Frage zu sprechen kommen. Gleich beim Beginn der Verhandlungen wurde eine Note des englischen Gesandten Roe überreicht; dieser hatte darin die kaiserliche Erklärung als eine den Nachkommen Friedrichs V. unwürdige bezeichnet und das Misslingen der Verhandlungen dem Starrsinne Maximilians zugeschrieben [2].)

Überhaupt muss sich Roe in einer Weise gegen Bayern und die Reichsstände benommen haben, dass ersteres sich genötigt sah, den Kaiser zu ersuchen, darauf hinarbeiten zu wollen, dass der englische König in Zukunft zu den Verhandlungen in Wien eine genehmere Person schicke. [3]) Nichtsdestoweniger beschloss man am 13./23. Juli 1643 in Frankfurt, die nochmalige Aufnahme der pfälzischen Tractaten dem Kaiser zu empfehlen. Der von diesem auf den 17. Oktober anberaumte Termin blieb ebenfalls

---

1) Geschichte Ferdinands III., I, 430.
2) Schreiber, Maximilian I. von Bayern I, 802.
3) Koch I, 429.

unberücksichtigt. Ohne deshalb den Mut zu verlieren, bat man im Frühjahr 1644 nochmals den Kaiser, einen dritten Termin zu bestimmen mit der Motivierung, es handle sich um ein grosses Reichsregal, das vor dem Kaiser und den Kurfürsten zur Entscheidung gebracht werden müsse. In diesem Sinne hatte der Kaiser schon im Jahre 1643 den tüchtigen Diplomaten Lisola nach England gesandt, um Karl I. zum Nachgeben betreffs seiner Forderungen in der pfälzischen Angelegenheit zu bewegen. Wie Lisola bemerkte, bildeten die 13 Millionen die Hauptschwierigkeit. Karl I. liess schliesslich durch Roe dem kaiserlichen Gesandten folgenden Bescheid geben: Hinsichtlich der Kurwürde bedinge der König die Alternation und willige in nichts anderes. Sollte aber der Herzog von Bayern auf die Kurwürde ganz verzichten, so erbiete er sich zu einer Geldentschädigung. Rücksichtlich der 13 Millionen lasse er sich auf gar nichts ein in Anbetracht der Überschwenglichkeit der Forderung.[1])

§ 8.
Karl Ludwig und die englische Revolution.

Die Erfolglosigkeit der Unterhandlungen Karls I. in Sachen der Pfalz brachte den Neffen Karl Ludwig soweit, dass er das Vertrauen, welches er bisher auf seinen königlichen Oheim gesetzt hatte, immer mehr verlor. Sein Versuch, sich in den Besitz der führerlosen weimarischen Armee zu bringen, verminderte ebenfalls seine Hoffnung auf baldige Wiedererlangung seines Erbes. Noch viel mehr musste er an der wirklichen Hilfeleistung von Seiten Karls I. zweifeln, wenn er sah, dass die Unruhen in England täglich wuchsen und somit Karls Thätigkeit für sein eigenes Land in Anspruch genommen ward. Im Jahre 1640 hatte er ein Parlament berufen. Sofort kam er mit diesem in eine feindliche Haltung, welche die Auflösung desselben nach sich zog.

Zu derselben Zeit war Karl Ludwig aus der französischen Gefangenschaft entlassen worden. Sein Oheim gab ihm den Rat, in Frankreich zu bleiben und zu versuchen, ob er vom französischen König etwas in seiner Angelegenheit erlangen

---
1) Koch I, 433.

könne; für ihn sei es jetzt unmöglich, Unterstützung zu gewähren. Bekäme er in England freie Hand, so wolle er gerne alle seine Kräfte zur Restitution seines Neffen verwenden.

Es war dies ein Rat, welcher für Karl Ludwig hätte verhängnisvoll werden können: eine abermalige Verhaftung auch beim geringsten Anlass hätte erfolgen können. So konnte auch die Mutter des Kurfürsten nicht damit einverstanden sein. Er blieb vielmehr vom Spätjahr 1640 bis Frühjahr 1641 im Haag, da der Wunsch des Oheims, den Prinzen bei der holländischen Armee zu verwenden, ebenso wenig Anklang fand.

Dieser Aufenthalt dürfte das intime Verhältniss, welches bis jetzt zwischen Mutter und Sohn bestand, gelockert haben, zumal er in seinem sparsamen und haushälterischen Sinne mit dem verschwenderischen Wesen der Mutter sich nicht befreunden konnte, die allmählich in Holland so verschuldete, dass sie es nicht mit Ehren verlassen konnte. Schon früher hatte sich Karl Ludwig geweigert, seiner Schwester Louise einen Teil des Geldes, das er zur Gewinnung der weimarischen Armee erhalten, zu überlassen. Ihm lag vor allem an der Restitution seines Hauses, dessen Hauptvertreter er war. Es ist die scheinbar hartherzige Gesinnung des Kurfürsten, wie diese ihm von Miss Benger[1]) zum Vorwurf gemacht wird, ein Beweis dafür, dass er stets nur seine Sache im Auge hatte und dieselbe mit allem Eifer verfocht.

Und so wird es vielleicht erklärlich sein, wenn er bisweilen in die häuslichen Angelegenheiten seiner Mutter eingriff. Auch beklagte er sich gelegentlich über gewisse Damen, mit denen seine Mutter Beziehungen unterhielt, die er nicht billigen konnte. In solchen Fällen scheint Lord Craven der beständige Vermittler zwischen Sohn und Mutter gewesen zu sein, wie dieser auch immer letzterer in ihren schlimmen pecuniären Nöten half.

Die Entfremdung, die mit seinem Bruder Ruprecht entstand, mag ihren Grund in den geistigen Vorzügen dieses jüngeren Bruders haben; zu den Geschwistern Philipp und Sophie fühlte er sich aber um so mehr hingezogen.

Im Mai 1641 ging Karl Ludwig abermals nach England, wahrscheinlich um die rückständige Pension seiner Mutter zu

---

1) Queen of Bohemia II, 332.

holen. Hier war es mit Hilfe seiner Freunde Karl I. gelungen, eine Armee gegen die Schotten aufzubringen; doch aus Mangel an Mitteln musste er von diesem Unternehmen absehen und zur Berufung eines fünften, des sogenannten langen Parlamentes, schreiten. Die Stellung Karls zu diesem Parlament war noch feindseliger wie früher, denn es verlangte mit viel grösserem Nachdruck die Einstellung aller während der parlamentslosen Zeit eingerissenen Schäden. Der Riss zwischen Parlament und König wurde immer grösser, als letzteres erkannte, dass Karls I. Reise nach Schottland die Einmischung der Schotten bezwecke; man sah die Nachgiebigkeit des Königs gegen dieselben geradezu als einen Angriff auf sich selbst an. Es ist deshalb nicht zu verwundern, wenn das Parlament hartnäckig auf seinen Forderungen bestand.

Der Bruch trat zwar nicht unmittelbar ein. Beide Häuser hatten zunächst einem Wunsche des Königs beigepflichtet, sich zu vertagen; ein Ausschuss unter Pym blieb zurück. Man merkte in London allmählich, dass man auf der Hut sein müsse. Es bildeten sich die Parteigruppen der Cavaliere und Rundköpfe, von denen letztere dem König bei seiner Rückkehr die grosse Remonstranz überreichten. Auf der Reise nach Schottland befand sich Karl Ludwig unter den wenigen Begleitern des Königs und konnte so den Gang der Ereignisse genau verfolgen, zugleich aber auch sehen, wie sich gegen seinen Oheim der allgemeine Widerwille erhob.

Ihren Höhepunkt erreichten die Wirren, als Karl I. am 4. Januar 1642 mit einer bewaffneten Schar ins Parlament kam, um die Auslieferung der fünf Rädelsführer zu verlangen.

Diesem Akte wohnte Karl Ludwig ebenfalls bei und erhielt wiederum einen Beweis von der Ohnmacht des Königs, der die Rechte des Parlaments durch sein Erscheinen verletzte und den Ausbruch des Bürgerkrieges beschleunigte.

In seiner bedenklichen Lage verliess der König die Hauptstadt, sammelte seine Freunde und Anhänger um sich und zog sich nach dem Norden zurück. Die Schlappe, welche der englische König vor Hull erlitt, konnte auf Karl Ludwig ebenfalls keine günstige Wirkung hervorbringen.

Wenn Karl Ludwig 1643 plötzlich seinen Oheim, ohne ihn vorher in Kenntnis zu setzen, verliess und zu seiner Mutter nach Holland ging, so dürften die erlebten Eindrücke bei diesem Schritte mitgewirkt haben.

Diese Handlungsweise erklärte man sich in England in der Art, dass der Kurfürst sich beim Parlament, welches der König so augenscheinlich verletze, Achtung verschaffen wollte. Es legte dem Kurfürsten wegen seiner Flucht die Absicht unter, dass er an Plänen des Königs Mitwisser sei, die seine Billigung nicht finden könnten.[1])

Da nicht vorauszusehen war, welche Partei die Oberhand gewinne, so mag Karl Ludwig es für vorteilhaft gefunden haben, vorerst eine zuwartende Haltung einzunehmen; denn seine Anwesenheit hätte ihn genötigt, zu einer der beiden Parteien Stellung zu nehmen.

Sein Bruder Ruprecht schloss sich ohne weiteres dem König an, während Karl Ludwig erst nach längerem Schwanken zur Gegenpartei hinüberneigte. Es machten ihm daher die meisten englischen Schriftsteller den bittersten Vorwurf und sprechen durchaus nicht zu seinen Gunsten. Moralisch betrachtet, hätte allerdings der Kurfürst seinen Onkel nicht verlassen dürfen. Dieser Fehler wird aber bedeutend herabgemildert durch das Interesse und die Umstände, aus denen heraus Karl Ludwig handelte.

Ausschlaggebend für ihn konnte nur sein, von welcher Partei er sein Ziel — Restitution der Pfalz —, das er schon seit Jahren vergeblich verfolgte, am sichersten erreiche.

Er musste dies um so mehr thun, als seine Person und Sache am englischen Hofe, sogar vom König selbst, seitdem dessen Gemahlin Einfluss auf ihn gewann, in mannigfacher

---

1) When the king left London, Charles Lewis attented his majesty to York, and resided there with him till the differences grew so high, that his majesty found it necessary to resolve to raise an army for his defence. Then, on the suddon, without giving the king many days notice of his resolution, that prince elector left the court; and taking the opportunity of an ordinary vessel embarked himself for Holland, to the wonder of all men; who thought it an unseasonable declaration of his fear at least of the parliament, and his desire of beeing well esteemed by them when it was evident they esteemed not the king as they should. And this was the more spoken of, when it was afterwards known that the parliament expressed a good sense of his having deserted the king and imputed it to his conscience, that he knew of some such designs of his majesty, as he could not comply with. Clarendon, history of the Rebellion VII, 414.

Weise vernachlässigt wurde. Die Beziehungen, die der Kurfürst mit der gegnerischen Partei anknüpfte, erfahren dadurch gewissermassen ihre Rechtfertigung.

Wie die Dinge 1643 wenigstens standen, war noch unentschieden, welcher Partei der Sieg gehöre; jedenfalls hielt es Karl Ludwig fürs beste, auf neutralem Boden die Entscheidung abzuwarten. Es mag seinem natürlichen Scharfblick nicht entgangen sein, dass der König dem Parlamente gegenüber unterliegen werde.

Alle diese Erfahrungen und Erwägungen haben Karl Ludwig bestimmt, mit der gegnerischen Seite Fühlung zu suchen und ein Memorial an beide Häuser zu richten, worin er seine und seiner Mutter dringende Not, in die beide wegen der langen Vorenthaltung der Pension gekommen waren, schilderte, sich über die Haltung seiner Brüder beklagte und starke Hinneigung zum Covenant machte.[1]

Mit einigen Führern des Parlaments hatte Karl Ludwig schon längst Beziehungen unterhalten. Es beweisen dies zwei Briefe bei Forster, der eine vom 18/28. Mai 1641 und der andere vom 10. März 1642 von Newmarket, in welch letzterem er die Verwendung seines Bruders Ruprecht oder Moritz bei den irischen Unruhen empfahl.

Ein weiterer Brief, den er an John Pym, die Seele der parlamentarischen Opposition, richtete, giebt ein Bild von der Stimmung und dem Ernste, mit dem der Kurfürst seine üble Lage auffasste. Er spricht diesem gegenüber für die geleisteten Dienste seinen Dank aus und bedauert, Gegendienste in seiner jetzigen Lage nicht erweisen zu können; es würde aber eine ausserordentliche Genugthuung für ihn sein, wenn auch ihm John Pym bei der Wiederbefestigung der protestantischen Sache in England einen Posten anvertraue.[2]

1) Benger II, 371.

2) And as I am sorry that my ill fortune makes me continue burthensome to the State of England in its present necessities, so it would be an infinite satisfaction to me, if I might deserve and supply its bounty towards me by some effectual endeavours for its assured prosperity; which to obtain, I doubt not but you will constantly make use of your best parts and industry; wherein I desire you to let me still have a share, so far as may contribute to the resettlement of the Protestant cause, and my interests which depend of it. Clarendon, Papers II, 150. The Prince Elector to John Pym. Hague, 1/11 June 1643.

Dieser Brief verstärkt die bis jetzt erbrachten Beweise, dass Karl Ludwig die Sache seines Oheims ganz aufgegeben und ein ausgesprochener Anhänger des Parlaments ist. Im Haag scheint er seine Mutter für diese seine Stellungnahme nicht gewonnen zu haben, obwohl er ihr versicherte, das Parlament könne besser als der König ihre Angelegenheit fördern und zu einem etwaigen Abschluss bringen. Trotzdem blieb er seinen Ansichten treu und kehrte am 30. August 1644 nach London zurück. Auch begannen in diesem Jahre die Friedensverhandlungen zu Münster und Osnabrück, die Karl Ludwigs ganze Thätigkeit in Anspruch nehmen mussten, wenn die pfälzische Partei hierbei nicht leer ausgehen sollte. Eine persönliche Anwesenheit in England, dessen Parlament teilweise auf seiner Seite stand, konnte jedenfalls seiner Sache nur günstig sein.

Vom Parlament wurde Karl Ludwig aufs beste empfangen. Sofort auf die Nachricht, dass derselbe in Gravesend gelandet sei, wurde eine Kommission an ihn geschickt[1],) um ihn zu bewillkommnen. Mit grossem Gepränge wurde er nach Whitehall gebracht und ihm hier der königliche Palast als Wohnung angewiesen. Hierhin ging vom Parlament eine Begrüssungsbotschaft ab, die ihm zu verstehen gab,[2]) dass seine Anwesenheit in England ihrer Sache bei der Aussenwelt mehr Rechtfertigung verschaffen könne. Sie wären stets für ihn eingenommen gewesen und auch ferner bereit, dies mit der That zu beweisen.

Der Kurfürst liess dem Parlament mitteilen,[3]) er sei ihnen

---

1) The Commons being informed that the Prince Elector was landed at Gravesend, appointed a Committee to attend him with salutations from the House and to consider of his reception at Whitehall prepared for him. Whitelock, Memorials S. 101.

2) che il Parlamento non sapeva la venuta di S. Altezza nè di alcuna intentione di venire in questo regno sino alle 12 hore di giovedi passato. Che considerando la congiontura degli affari qui come fuori il Parlamento resta molto sopreso di non esser stato informato, et consultata seco prima la sua venuta, et stima, che la residenza di S. A. in paesi esteri sia hora per riuscir di più avantaggio tanto al suo, come al publico interesse. Che il Parlamento ha sempre havuto gli affari di S. A. a petto, et li haverà, et ha hora mandato suoi Commissarj per visitarlo e dargliene sicurezza, il che esprimerà sempre nelle sue attioni e fedeli consigli. Brosch, Bolingbroke S. 327 Anhang (Auszug aus den Depeschen des venezian. Geschäftsträgers Girolamo Agostini.)

3) Che si stima molto obligato ai Signori e Communi in Parlamento per

für die früheren Gunstbezeugungen sehr verpflichtet und gekommen, um seine Zuneigung persönlich auszudrücken, was er bisher nur schriftlich habe thun können. Ferner wolle er die üble Meinung beseitigen, welche durch die Handlungen seiner nächsten Verwandten oder durch seine Feinde gegen ihn während seiner Abwesenheit verbreitet worden sei. Er wünsche ihrer Sache, die sie für den Protestantismus unternommen, guten Erfolg und seine Bestrebungen würden dahin gehen, sie nach Kräften dabei zu unterstützen; auch sei er stets bemüht, die Zufriedenheit beider Häuser zu erlangen. Der Empfang Karl Ludwigs von Seiten eines Teiles des Parlamentes thut zur Genüge dar, dass es nicht allein ein persönliches Interesse an dem jugendlichen Fürsten war, sondern noch andere Motive zugrunde gelegen haben müssen.

Diese Begrüssung, wie man sie bloss regierenden Fürsten erzeigt, lässt darauf schliessen, dass Karl Ludwig entschlossen war, offen Farbe zu bekennen; des weiteren, dass das Parlament ihn für einen wichtigen Posten ausersehen habe.

Die mehr als freundschaftlichen Beziehungen zwischen dem Kurfürsten und dem Parlament, welche so augenscheinlich zu Tage treten, lassen eine direkte Einladung, vom Haag herüberzukommen, als nicht völlig ausgeschlossen erscheinen. Ohne diesen Rückhalt am Parlament hätte Karl Ludwig sicherlich nicht so leicht nach England gehen können; war ja doch hier die königfeindliche, republikanische Partei fast schon in der Überzahl.

Karl I. schrieb seinem Neffen am 17. September 1644, er sei gespannt, den Grund seiner Handlungsweise zu erfahren;

---

questo et i favori passati. Che ha intrapreso questo viaggio per testificar loro con un tal attione il suo constante e sincero affetto già espresso per via di lettere alla buona causa, che mantengono, stimando ancora che essendo presente con esso loro potrebbe impedir le gelosie che forse le attioni di alcuni suoi più prossimi amici o li cattivi uffitj de nemici potrebbono per raggion della sua longa absenza far cader sopra di lui. Che augura loro un costante buon successo nella gran opera che hanno intrapreso al bene della causa Prottestante, et che quanto a lui vuole sempre continuar l'istesso, che ha già fatto professione.

Questo tanto S. Altezza ha espresso a boca, e fa pensiero di sodisfar ambedue le camere più amplamente dei mottivi e raggioni della sua venuta, et in conformità abbraccierà allagramente tal consiglio quale la prudenza delle honorate camere si compiacerà darle. ib. 327—28.

nie hätte er mehr Veranlassung gehabt als jetzt. Wenn ihm die Ursache seiner Abreise von York unerklärlich gewesen sei, so komme ihm sein jetziges Benehmen höchst sonderbar vor. Seine Anwesenheit in England sei zwar nicht von solcher Bedeutung, um ihn neugierig zu machen; wenn er sich die Anfrage erlaube, auf welche Einladung hin er gekommen sei, so thue er dies wegen seiner grossen Hinneigung zu seiner Mutter.[1])

Aus diesem Briefe geht hervor, dass der Oheim die Befürchtung hegt, der Neffe könne auf die Initiative des ihm feindlichen Parlamentes hin gehandelt haben; zugleich enthält er die Besorgnis, Karl Ludwig möchte seine Sache dem Parlamente anvertrauen und vielleicht durch den Anschluss an dieses ihm selbst gefährlich werden.

Das Parlament stand allerdings nicht ganz auf der Seite des Pfälzers und nach einer Notiz soll demselben nur eine Frist von einem 14 tägigen Aufenthalt gegeben worden sein.[2])

Das Entgegenkommen des Parlamentes war ein andauerndes. Es erfüllte den sehnlichsten Wunsch des Kurfürsten und gewährte ihm jährlich 8000 und seiner Mutter 2000 Livres,[3]) welche ihm stets mit der grössten Pünktlichkeit ausbezahlt wurden. Ob die Mutter ihren Anteil annahm, muss dahin gestellt bleiben.

Durch all diese Ereignisse musste Karl Ludwig neue Hoffnungen nach den solange vergeblichen Bemühungen schöpfen. Die Stimmung und die politische Lage Englands waren geeignet, in ihm nach langen Entbehrungen die Aussicht auf höhere Dinge zu eröffnen.

---

1) The consideration of his mother's son is the only causity as to his own affairs, his being here in the way he is, is not of that importance as to make him curious; but the great affection he bore his sister, being a sufficient reason for him to desire that all who appertain, should give a fair account of their actions, makes him now ask upon what invitation he is come, and the design of his coming. Rushworth, Historical collections V, 359.

2) Dem Kurprinzen hat das Parlament 30 Pf. Sterl. per Tag zu seinem Unterhalt ausgesetzt, aber auch einen 14 tägigen Termin für seinen Aufenthalt gestellt. Brosch, Bolingbroke S. 327.

3) Benger, Queen of Bohemia II, 384. Order for ten thousand pounds per annum, for the queen of Bohemia, and for money for the Prince Elector. Whitelock, Memorials S. 201.

Im Lande selbst sprach man in dieser Zeit ganz offen von der Absetzung des Königs, falls dieser sich nicht mit dem Parlamente verständigte;[1] vorerst war eine Versöhnung nicht zu erwarten. Wirklich waren auch die Verhältnisse für den Kurfürsten ziemlich günstig; denn man wollte imfalle einer Absetzung des Königs eine Abweichung von der regelmässigen Erbfolge (d. h. Umgehung des Prinzen von Wales), doch innerhalb der herrschenden Dynastie bleiben.[2]

In diesem Falle war Karl Ludwig der nächste, der Anspruch auf den englischen Thron hatte,[3] und wäre zu gleicher Zeit der richtige Mann gewesen. Sicher hätte er unter allen Bedingungen, die man ihm stellte, die Krone angenommen. Hätte er doch damit einen Rückhalt bekommen, der es ihm ermöglichte, sein so lange ihm vorenthaltenes Erbe wieder zu gewinnen und überhaupt der ganzen protestantischen Sache in Deutschland nützlich zu sein.

Kein Wunder, wenn Karl Ludwig eine Zeit lang die Rolle eines englischen Kronkandidaten spielte.

Die Parteiverhältnisse im Parlament lagen so, dass die presbyterianisch-schottische nicht die Monarchie abgeschafft wissen wollte, während die Puritaner republikanische Tendenzen verfolgten. Innerhalb der ersteren war allerdings eine Spaltung, insofern die Schotten streng königlich gesinnt waren, aber einen König schottischer Herkunft auch für den englischen Thron verlangten. Die englischen Presbyterianer bestanden darauf, aus dem Kreise der herrschenden Dynastie den Regenten zu nehmen; in dem Bestreben, das Königtum möglichst einzuschränken, gingen beide Hand in Hand.

Wenn die Schotten unter keinen Umständen eine Republik wünschten, so hatten sie dafür ihre guten Gründe; in diesem

---

1) Wenn aber Karl I. sich nicht ganz in ihre Hände gebe, würden sie ihn absetzen und auch seine Kinder, deren Herkunft ihnen wegen der Aufführung der Königin zweifelhaft sei. Brosch, Bolingbroke, Anhang S. 326.

2) Ranke, Werke 21, S. 160.

3) Au quel cas le Prince Palatin y pourroit être induit, et que sous les conditions que l'on voudroit il pourroit accepter cette couronne, qui lui feroit recouvrer la sienne de Palatin, la quelle lui acquérant credit parmi les Allemans, il seroit capable de faire un grand service à la Religion Protestante, et l'appuyer par tout etc. (Schreiben des franz. Gesandten Sabran an seinen Herrn. (ib.)

Falle wäre ihr Land eine englische Provinz geworden und sie hätten auf die grossen Summen, die ihnen die Engländer schuldeten, verzichten müssen.[1]) Karl Ludwig zum König zu ernennen, den die englischen Presbyterianer wohl als einen Kandidaten ausersehen haben mochten, schien ihnen eine gefährliche Sache, aus Furcht, er möchte sich mit Spanien gegen Frankreich — einer Macht, die es ja immer mit Schottland hielt — verbinden.[2]) Karl Ludwigs Aussichten auf den englischen Thron gründeten sich also auf die englischen Presbyterianer. Um sich dem Parlamente willfährig zu zeigen, nahm er den Covenant an. Vom Parlament wurde ihm erlaubt, den Sitzungen des „assembly of divines" beizuwohnen. An den religiösen Fragen in dieser Versammlung, die ihre Sitzungen in Westminster hielt, nahm Karl Ludwig regen Anteil. Er übergab sogar hier einen Vorschlag betreffs der Religion,[3]) der einer Kommission von beiden Häusern zur Einsicht übergeben wurde.

Als Beweis dafür, dass der Kurfürst sich schon früher mit religiösen Fragen beschäftigte, gilt ein Brief, den der Hofprediger Karls I. Wilhelm Brough im Jahre[4]) 1633 an Karl Ludwig richtete, worin er diesen für die englische Hochkirche zu gewinnen suchte. Dem Parlamente gegenüber zeigte der Kur-

---

1) et je vous puis assurer que si les Ecossois (par la crainte dont ils se sont rendu susceptibles, de devenir enfin province d'Angleterre, si le Gouvernement monarchique étoit changé, et par celle de perdre les grandes sommes qui leurs sont dues) n'avoient protesté de vouloir un Roi. Ranke, Werke S. 159.

2) ou qu'il obtiendroit bien le dit Palatinat sans combat, par le consentiment des Espagnols moyennant une alliance et une jonction contre la France. ib. S. 160.

4) A committee of both houses to receive some intelligence which the Prince Elector desired to communicate to the Parliament of great concernment to the Protestant Religion. Whitelock, Memorials S. 241. Nothing farther appears about this intelligence, which looks as if he was merely afraid of being forgotten. Hallam, Constitutional history II, 366.

4) Wenn Wundt behauptet, dass Brough den Brief an Karl Ludwig richtete, als derselbe in England sich aufhielt, so ist er im Irrtum, denn der Kurfürst kam erst 1635 nach England. Wundt, Versuch einer Geschichte Karl Ludwigs, Zusätze und Beilagen, S. 133.

Wenn derselbe Historiker angiebt (Versuch einer Gesch. K. Ludwigs S. 50), dass Karl Ludwig, wahrscheinlich mit Einwilligung des Königs, am Bürgerkrieg keinen unmittelbaren Anteil genommen und eine Art Vermittlerrolle zwischen König und Parlamente gespielt habe, so dürften dies blosse Vermutungen sein.

fürst stets servile Dienstbeflissenheit¹) allerdings ohne Erfolg. Einmal nahmen die Ereignisse in England eine für Karl Ludwig ungünstige Wendung.

Pym und Hampden, die Führer der constitutionellen Partei des Parlamentes, auf welche Karl Ludwig die grössten Hoffnungen gesetzt hatte, waren dahin²) und Lord Esex machtlos. Die Presbyterianer, die immer noch die Erwartungen des Kurfürsten aufrecht erhielten, erlitten den politischen Tod, indem die puritanische Partei mit Oliver Cromwell die Oberhand gewann.

Hiermit schwanden die Aussichten Karl Ludwigs auf den Thron vollends.³) Ein Vorschlag zu Gunsten seiner Candidatur von Seiten seiner Freunde wurde nicht gemacht und wäre sicher auch unberücksichtigt geblieben.⁴) Wenn die Presbyterianer vor dem Siege der Puritaner im Parlament eine Empfehlung Karl Ludwigs nicht zur Sprache brachten, so hat dies vielleicht seinen Grund darin, dass sie sich in den Erwartungen, welche man auf ihn gesetzt, getäuscht sahen. Eine üble Meinung musste sich gegen ihn gebildet haben,⁵) welche nicht einmal durch die Denkschrift, die er an das Parlament richtete, beseitigt werden konnte.

Dass man Karl Ludwig, wie Reiger annimmt, wegen seiner Liebesgeschichten mit einigen vornehmen Damen verschmähte,

---

1) Agostini wirft ihm Heuchelei vor: Perfidie gegen den König, servile Dienstbeflissenheit vor dem Parlament. Brosch, Bolingbroke Anhang S. 327.

2) The section of the presbyterians who still continued them had also undergone most merited political death. Forster: Statesmen of the commonwealth IV, 79.

3) Der Plan scheiterte an der Übermacht der republikanischen Partei im Bürgerkrieg. Brosch, Bolingbroke S. 15.

4) Selbst diejenigen, auf deren Rat Karl Ludwig gekommen, hätten es der Stimmung des Parlaments gegenüber nicht gewagt, mit einem Vorschlag zu seinen Gunsten hervortreten. ib. Anhang S. 328.

5) London, 30. Sept. 1644: Es heisst, der Kurprinz wolle eine Denkschrift zu seiner Entschuldigung erscheinen lassen: doch es werde schwer halten, die üble Meinung, die sich auf Grund seiner eigenen Reden wider ihn gebildet habe, zu bekämpfen.

London, 6. Okt. 1644: Der Kurprinz hat die oben erwähnte Denkschrift ans Parlament gerichtet: dieselbe enthält verdeckte Ausfälle gegen seine Brüder Ruprecht und Moritz, die im Heere des Königs wider das Parlament fechten. ib. Anhang S. 328/29.

dürfte doch zuweit gegangen sein. Wenn es nach Forster für das englische Volk als bedeutungslos hingestellt wird, dass es jede Verbindung mit dem Kurfürsten aufgab,[1]) so wird doch wesentlich diese Behauptung durch seine spätere ausgezeichnete Verwaltung des pfälzischen Landes eingeschränkt.

Der Samen, den Kurfürst Friedrich von der Pfalz der englischen Königstochter erweckt hat, sollte erst nach drei Generationen auf Englands Boden verpflanzt, der Nation eine neue Dynastie geben.[2])

Interessant ist ein Brief Karl Ludwigs an seine Mutter, vom 12. November 1647, worin er sein ganzes Verhalten seinem Onkel gegenüber rechtfertigt: Er habe in Hamptoncourt auf den König gewartet, wohin sich dieser zurückziehen wollte, seitdem sehr wenige bei ihm wären und das Gerücht von seiner Absetzung sich verbreitete. Der König hätte gelegentlich den Weg getadelt, den er betreten. Er (Kurfürst) hätte denselben jedoch verteidigt als das einzige Mittel, das ihm geblieben, nachdem seine Person und Sache in mannigfacher Weise am Hofe von Personen, die demselben nahe gestanden und vom König selbst, seitdem die Königin Einfluss auf diesen ausgeübt, vernachlässigt worden wäre.[3]) Auf Einzelheiten hätte er sich nicht eingelassen, sondern ihm nur gewünscht, er möchte, welche Meinung er auch von ihm habe, einen glücklichen Vergleich mit dem Parlamente eingehen. Kurz vor der Execution Karl I. schrieb der Kurfürst an seine Mutter: Er habe zwar nicht diesen Ausgang erwartet, doch bei allen Regierungen habe immer noch Strenge vorgewaltet, mag diese am Platze sein oder nicht.[4]) Den Wunsch des Kurfürsten, Karl I. noch einmal vor seinem Tode zu besuchen, schlug letzterer ab. In der letzten Zeit seines Aufenthaltes in England, wohnte der Kurfürst zu Wind-

---

1) Denn: his feelings seem to have bee really mean and sordid as his wants. Forster: Statesmen of the commonwealth IV, 79.

2) Brosch, Bolingbroke S. 15.

3) I doe deffend it as the only shelter I have, when my publique businesse and my person have received soe many neglects (I will not say worse) att court, and by those that had relation to him, and noe lesse by himselfe since the queene hath had any hand in businesse. Forster, Statesmen of the commonwealth IV, 80.

4) That strength will still perevaile be it right or wrong. Forster IV, 82.

sor¹) wohin er sich gesundheitshalber zurückgezogen hatte und als Privatmann in Gesellschaft weniger Personen lebte.

Unmittelbar vor seiner Abreise aus England dankte er dem Parlament für seine beständigen Gunstbezeugungen. In Anbetracht des ungewissen Friedenszustandes in Deutschland und der schlimmen Lage seines eigenen Landes bat er dasselbe, ihm die seitherige Unterstützung auch fernerhin noch zukommen zu lassen, bis der wiederberuhigte Staat in England imstande sei, sich seiner Sache mit Nachdruck anzunehmen. Als Cromwell seine Herrschaft befestigt hatte, liess Karl Ludwig den Lord Protektor versichern: Er, der neu restaurierte Kurfürst wolle sich mit England so tief einlassen, wie es nur sein könne, mögen auch seine Verwandten im alten stuartschen Hasse entbrennen. Er ziehe das Interesse des Volkes und der Religion dem der Verwandtschaft wie allen Dingen der Welt vor.²)

§ 9.
Pfälzische Entschädigung auf dem westfälischen Friedenscongress.

Indessen näherten sich in Deutschland die Friedensverhandlungen ihrem Ende. Seit dem Abschluss des Prager Friedens ist eine ununterbrochene Reihe von Verhandlungen bemerkbar, die im grossen und ganzen die Wiederherstellung des Friedens bezweckten. Einen festeren Charakter gewannen diese aber erst durch den Präliminarvertrag zu Hamburg vom 15./25. Dezember 1641. Hier wurden Münster und Osnabrück als Congressorte bestimmt und für die Anhänger und Verbündeten des Kaisers, Spaniens, Schwedens und Frankreichs Geleitsbriefe ausgestellt. Solche wurden auch Karl Ludwig und seinen Brüdern zuerkannt. Als Eröffnungstermin wurde der 15./25. März

---

1) Es war ein grosses Vergnügen für ihn, dass er Gelegenheit hatte, mit dem Dechanten und anderen gelehrten Personen, die sich da einzufinden pflegten, umzugehen. Er lebte hier als Privatmann und hatte nur zween Leute von seinem Gefolge, einen Secretair und einen Kammerdiener nebst einigen geringen Bedienten, bey sich. Er speiste an einer Tafel für sich und die andern mit dem Dechanten und seiner Familie. Büttinghausen, Pfälz. histor. Nachrichten Seite 105.

2) Brosch, Cromwell S. 260.

1642 festgesetzt. Wegen Auswechslung der Vollmachten und anderweitigen Streitigkeiten gingen jedoch einige Jahre resultatlos vorüber; erst das Jahr 1645 eröffnete die Verhandlungen.

In demselben Jahre beschäftigte sich der Deputationstag mit der Frage seiner Uebertragung an beide Congressorte. Der Kaiser, der ihn nach Münster verlegt wissen wollte, stiess bei den Schweden und Protestanten auf Widerstand, welche eine Verteilung an beide Congressorte wünschten. Schliesslich fand dieser Punkt in der Weise seinen Austrag, dass man vom Deputationstage ganz absah und Fürsten und Stände zu den Verhandlungen einlud und je nach dem Bekenntnis an beide Orte verteilte; so hatte man einen förmlichen Reichstag hergestellt.

Naturgemäss musste die pfälzische Angelegenheit, die nach der Ansicht vieler Anlass zu dem langwierigen Blutvergiessen gab, gleich am Anfang in die Debatten gezogen werden; als pfälzische Bevollmächtigte nahmen Philipp Streff, Joachim Camerarius und Jonas Meisterlin am Congress teil.

Anfangs wollte der Kaiser und Maximilian von Bayern durchaus nicht, dass diese Frage auf den allgemeinen Friedenstractaten verhandelt werde. Doch ruhten die Schweden und die protestantischen Stände nicht eher, als bis der Kaiser hierin nachgab.

Gestützt auf die Fremdmächte, vor allem auf Schweden, glaubte Karl Ludwig nun endlich seine Sache in einer für ihn günstigen und vorteilhaften Weise erledigen zu können.

In dieser Hinsicht hatte er an die Königin Christine von Schweden geschrieben und sie um Unterstützung bei den Verhandlungen gebeten. Von ihr erhielt er nicht nur die beste Versicherung, sondern auch das Versprechen, seine Angelegenheit den Franzosen empfehlen zu wollen.

Am 1. Juni richten die Schweden ihre Propositionen ein. Die Schweden verlangten darin Restitution der Pfalz wie im Jahre 1618, während die Franzosen der Sache keine Erwähnung thaten.

Entscheidend für die pfälzische Frage war der Umstand, dass schon im Jahre 1645 Differenzen zwischen Bayern und dem

Kaiser entstanden und ersteres zu den Franzosen neigte. Man sprach sogar ganz offen davon, dass Bayern die Ansprüche Frankreichs auf den Elsass und Breisach unterstütze, um sich dadurch den Besitz der Unterpfalz und Kurwürde zu sichern. Bayern war durchaus nicht gewillt, irgend etwas ausser seinen Anteil in der Unterpfalz zu opfern.

Der kaiserliche Gesandte Trautmannsdorf gab in ebenso unumwundener Rede den pfälzischen Gesandten zu verstehen, dass an eine vollständige Restitution des Pfalzgrafen nie gedacht werden könne; was die Kur betreffe, so könne man entweder nur von einer Alternation zwischen der rudolfinischen und wilhelminischen Linie oder von Errichtung einer achten Kurwürde oder schliesslich von einer Übertragung der böhmischen Kur an das pfälzische Haus sprechen. Besonders heftig wurde bei der Amnestiefrage die Debatte geführt. Bayern erklärte, lieber den Krieg fortzuführen als eine Einwilligung in eine Generalamnestie zu gewähren. Noch im Jahre 1646 beharrten die Schweden auf der vollständigen Restitution an Land und Würde und wollten höchstens Bayern das Zugeständnis machen, dass die Kurwürde zwischen den beiden Häusern abwechseln solle. Lange wurde die Frage der Alternation und der Errichtung einer achten Kur nebeneinander erwogen. Ersteres hatte für sich, dass man damit mit der goldenen Bulle, dem Reichsgrundgesetz, nicht in Conflikt kam, welches die Siebenzahl der Kurfürsten verlangte; dies war jedoch nur ein Bedenken geringfügiger Art.

Hinsichtlich der Restitution der Lande wollten sich der Kaiser, Bayern und die katholischen Stände nur zur Abtretung eines grösseren Teiles der Unterpfalz verstehen und an der hier eingeführten katholischen Religion sollte nicht gerüttelt werden.

Im Frühjahr 1647 wurde die pfälzische Frage allen Ernstes in Angriff genommen. Die Hauptentscheidung lag doch eben bei den Fremdmächten. Von diesen war Frankreich von vornherein schon mit der Regelung der Angelegenheit, wie sie Bayern genehm war, so gut wie einverstanden, trotzdem es früher dem Pfalzgrafen die besten Aussichten auf vollständige Restitution gemacht hatte. Mit Schweden verhielt es sich auch nicht besser. Indem es von seiner Forderung der vollständigen Restitution immer weiter zurückging, je nachdem es vom Kaiser Zugeständnisse betreffs seiner Angelegenheit erhielt, willigte es schliesslich, nachdem es alle seine Forderungen durchgesetzt hatte, in das französische Projekt vom Juli 1647 ein. Das Gegenprojekt, mit dem die Schweden hervortraten, hatte unbedeutende Abweichungen. Das Reichsgutachten, dass sich der Kaiser von den Ständen geben liess, sprach sich in demselben Sinne aus.

So war eigentlich schon 1647 die pfälzische Frage zum Abschluss gebracht. Die Punkte, welche bezüglich der Restitution des pfälzischen Hauses aufgestellt wurden, sind kurz folgende:

Es erhielt zunächst vollständige Amnestie.

Von den Besitzungen seines Vaters bekam Karl Ludwig nur die gesamte Unterpfalz mit Ausnahme einiger kleinen Gebiete, deren Abtretung noch von gewissen Bedingungen abhängig gemacht wurde.

Ausserdem wurde für ihn eine neue (achte) Kurwürde geschaffen, während die Rechte, die früher an der pfälzischen Kur hafteten, auf Maximilian übergingen; an diese letztere Bestimmungen schloss sich der dem pfälzischen Haus vorteilhafte Zusatz, dass nach Aussterben der männlichen wilhelminischen (bayerischen) Linie die Oberpfalz sowohl wie die ehemalige Kurwürde wieder an die rudolfinische (pfälzische) Linie zurückfallen und die achte Kurwürde beseitigt werden sollte.

Die Brüder des Kurfürsten wurden mit einer Summe von 400000 Reichsthalern abgefunden, wovon vom Jahre 1649 ab jährlich 100000 Reichsthaler mit den Zinsen bezahlt werden mussten. Die Kurfürstin Witwe empfing vom Kaiser 20000, während deren Töchter jeder 10000 Reichsthaler als Mitgift zugesprochen wurden. In Sachen der Religion bestimmte man das Jahr 1624 als Normaljahr.

So fand diese heikle Frage, die Jahrzehnte lang Gegenstand der langwierigsten Verhandlungen gewesen war, eine Erledigung, die für Karl Ludwig durchaus nicht befriedigend sein konnte. Er musste aber auf die, wenn auch ihm wenig entsprechenden Bedingungen eingehen, wollte er nicht vollständig sein Erbgut verlieren. Wir wissen, dass er sich anfangs sehr gesträubt hat; dass er sie annahm, geschah auf die eindringlichsten Vorstellungen des Cartesius.[1])

[1] Descartes an die Pfalzgräfin Elisabeth Februar 1649: „la moindre partie du Palatinat vaut mieux que tout l'Empire des Tartares ou des Moscovites, et après deux ou trois années de paix le séjour en sera aussi agréable que celui d'aucun autre endroit de la terre." Erdmannsdörffer, Deutsche Geschichte von 1648—1740. I; 62.